냥냥이랑 어휘로 사회 쏙

이은경, 장순월 지음

어휘 연습장
초등 4·1

학교는 재미있는데, 수업 시간은 좀 별로예요. 어렵고, 지루하고, 딱딱하고, 답답해요. 공부하기 싫어서 그런 것만은 아닌 것 같아요. '오늘은 열심히 해봐야지.', '나도 공부 잘하고 싶어.'라고 굳게 결심한 날에도 수업 시간은 여전히 어렵고, 지루하고, 딱딱하고, 답답하거든요.

대체 나는 왜 이럴까요? 혹시 이런 고민해 본 적 있나요?

수업 시간이 지루하고 힘들어서 빨리 끝나기만을 바라는 우리 친구들의 딱한 표정을 안타깝게 바라보던 냥냥이 친구들이 있었어요. 이 친구들이 모두 모여 오랜 시간 고민한 끝에 드디어 그 이유를 찾아냈지요. 범인은 바로, 교과서 속 어휘! 어휘를 모르니 내용을 이해할 수 없는 거였어요.

우리 친구들이 보는 교과서에는 도저히 무슨 뜻인지 알 수 없는 어휘들이 툭툭 자꾸 튀어나와요. 이제 막 공부라는 것에 도전하려는 우리 친구들에게는 교과서 본문 속 어휘들이 너무나 낯설게 느껴졌을 거예요.

어휘의 뜻만 미리 알고 있었다면 척척 이해되고 기억되었을 내용인데, 겨우 그것 때문에 지금껏 교과서와 친구가 되지 못했다니 억울할 지경이에요.

그래서 냥냥이 친구들이 '짠' 하고 이렇게 나타났어요. 공부를 열심히 해서 시험도 백 점 맞고 싶고, 나만의 소중한 꿈도 이루고 싶고, 오래오래 기억될 훌륭한 사람이 되고 싶은 친구들을 위해 꼭 기억해야 할 어휘를 골라 설명해 주고, 숨은그림찾기, 끝말잇기, 색칠하기 등의 여러 가지 활동을 하면 새롭게 알게 된 어휘를 내 것으로 만들어 버릴 수 있어요.

이제 냥냥이가 이끄는 대로 즐겁게 한 발씩 따라가기만 하면 돼요. 그럼 자연스럽게 수업 시간이 만만하고, 즐겁고, 시간이 후딱 지나가는 제법 해볼 만한 도전이 될 거예요.

새롭고 힘찬 새학년의 시작을 응원하며
냥냥이 친구들이 🐾

이 책의 구성과 특징

어휘의 뜻과 초성을 제시하여 공부해야 하는 개념어를 생각하며 학습할 수 있도록 한다.

어휘랑 놀자
07

1. 지역의 위치와 특성

초 성 퀴 즈

고장이나 지역에서 생활에 필요한 여러 기관과 시설이 모여 있는 곳을 무엇이라고 할까요?

   →

ㅈ ㅅ ㅈ →

현관문을 열어라!

🐾 괜찮냥이 집 현관 비밀번호를 깜빡해서 집에 들어가지 못하고 있어요. 친구들이 중심지에 대한 알맞은 설명을 찾아 괜찮냥 집 현관 비밀번호의 마지막 숫자를 색칠해 주세요.

해당 개념어와 관련된 다양한 형태의 문제를 풀면서 개념어를 재미있고 완벽하게 학습한다.

...막 숫자는?

	...심지에는 사람이 많이 모이지 ...다.
	...해 모이는 곳은 상업의 ...이다.
7	중심지는 필요한 것을 구하거나 시설을 이용하기 위해 간다.
0	중심지에는 논과 밭이 많다.

1	2	3
4	5	6
7	8	9
*	0	#

정답 109쪽

알맞은 중심지를 찾아라

🐾 냥냥이들이 살고 있는 지역에는 다양한 중심지가 있어요. 사람들이 중심지에 모이는 까닭을 보고, 어떤 중심지인지 보기 에서 찾아 쓰세요.

> **보기**
>
> 교통   산업   상업   행정

(1) 대형 할인점, 상점, 시장 따위에서 물건을 사고팔기 위해 모인다.

☐☐ 의 중심지

(2) 물건을 만드는 회사나 공장에서 일하기 위해 모인다.

☐☐ 의 중심지

(3) 교통 시설을 이용해 다른 지역으로 이동하기 위해 모인다.

☐☐ 의 중심지

(4) 생활에 필요한 행정 업무를 처리하기 위해 모인다.

☐☐ 의 중심지

냥냥이와 문장대결

🐾 '중심지'라는 어휘를 넣어 예쁘냥과 문장 대결을 펼쳐 볼까요?

 지역에는 관광, 교통, 산업, 상업, 행정 따위의 중심지기

 _____

> 해당 개념어를 사용한 냥냥이의 문장을 보고, 대결하듯이 나도 한 번 만들어 본다.

어휘랑 놀자 01

초성퀴즈

어떠한 뜻을 나타내기 위하여 쓰이는 부호, 문자, 표지 따위를 통틀어 무엇이라고 할까요?

ㄱ ㅎ → ☐ ☐

지도 읽기

🐾 모르냥은 아직 지도를 보는 게 어렵대요. 모르냥이 어려워하는 부분을 친구들이 함께 풀어 주세요.

(1) 다음 기호가 나타내는 것은 무엇인가요?

◎ : (   ),   ✚ : (   )

(2) 지도에서 우체국과 산을 찾아 ○표 하세요.

(3) 지도에 학교는 (2, 7)군데 표시되어 있어요.

정답 108쪽

기호 만들기

지도에는 다양한 기호가 표시되어 있어요. 친구들도 폭포와 도서관의 기호를 만들고, 기호를 이렇게 만든 까닭도 쓰세요.

모양을 본떠서 만든 기호	⬛학교 ▲산 ⊔논 ♀과수원
약속으로 정한 기호	◉시청 Y소방서 ⊗경찰서

폭포 기호를 이렇게 만든 까닭은?

도서관 기호를 이렇게 만든 까닭은?

냥냥이와 문장대결

'기호'라는 어휘를 넣어 머라냥과 문장 대결을 펼쳐 볼까요?

지도에서 기호를 보면 그 지역의 다양한 정보를 알 수 있어.

9

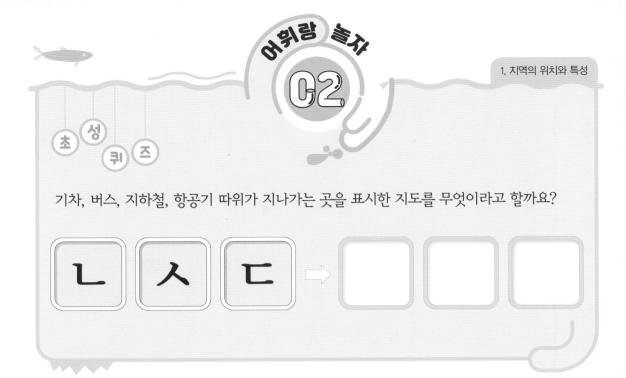

깜빡한 어휘를 찾아라

🐾 냥냥이들이 갑자기 어휘가 떠오르지 않는대요. 친구들이 알려 줄까요?

관광지에서 알차게 여행을 하려면 관광 ○○○을/를 보고 경로를 잘 짜야 해. ● ● 노선도

삼촌께서 지하철이 매우 복잡하니까 ○○○을/를 잘 보며 오라고 하셨어. ● ● 안내도

○○은/는 지구 표면의 상태를 일정한 비율로 줄여, 이를 약속된 기호로 평면에 나타낸 그림이야. ● ● 지도

알갓냥의 집을 찾아라

지하철 노선도를 보고 수성구청에 사는 알갓냥에게 교대에 사는 모르냥의 집으로 가는
길을 정확히 설명해 주세요.

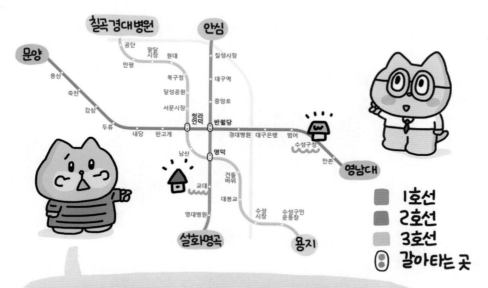

수성구청에서 문양 방향으로 (   )호선 지하철을 타고 가다가
(   )역에서 (   ) 방향 (   )호선으로 갈아타고
두 정거장을 가면 우리집이야.

냥냥이와 문장대결

'노선도'라는 어휘를 넣어 괜찮냥과 문장 대결을 펼쳐 볼까요?

버스 노선도를 보면 어느 버스를 타야 하는지, 몇 정거장을 가야 하는지 알 수
있어.

_____

_____

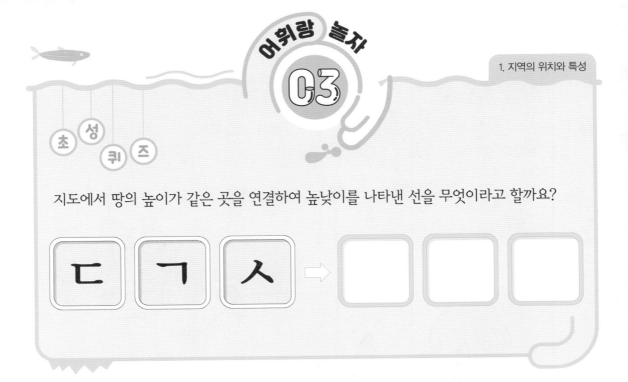

어휘랑 놀자 03

초성 퀴즈

지도에서 땅의 높이가 같은 곳을 연결하여 높낮이를 나타낸 선을 무엇이라고 할까요?

ㄷ ㄱ ㅅ →

삼행시 완성하기

🐾 알갓냥이 삼행시를 지었어요. 알갓냥의 솜씨가 만만치 않지요? 친구들도 재미있고, 의미 있는 삼행시를 완성해 보세요.

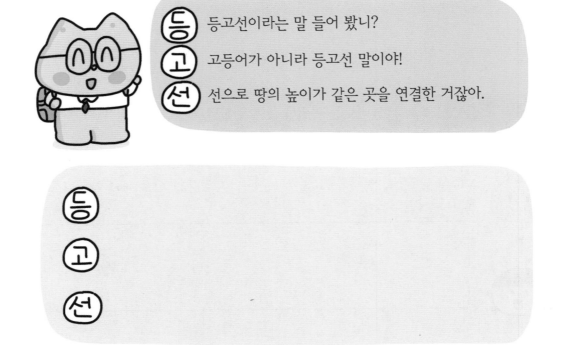

등 등고선이라는 말 들어 봤니?

고 고등어가 아니라 등고선 말이야!

선 선으로 땅의 높이가 같은 곳을 연결한 거잖아.

등

고

선

12

등고선 그리기

등고선은 지도에서 땅의 높이가 같은 곳을 연결한 선이에요. 땅의 높이가 높을수록 숫자가 커지고, 색도 진해져요. 다음에서 같은 숫자를 연결하고 색칠하여 등고선을 완성해 볼까요?

> **방법**
> ❶ 같은 숫자끼리 선으로 연결한다.
> ❷ 연결한 그림을 다음의 색으로 색칠한다.
>   (200~400: 연두색, 400~600: 노란색, 600~800: 황토색, 800 이상: 갈색)
> ❸ 가장 높은 곳에 ▲표 한다.

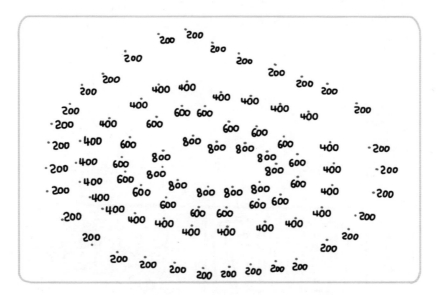

냥냥이와 문장대결

'등고선'이라는 어휘를 넣어 모르냥과 문장 대결을 펼쳐 볼까요?

등고선은 지도에서 땅의 높낮이를 표시하는 방법이야.

어휘랑 놀자 04

초 성 퀴 즈

한 기준의 방향에 대하여 나타내는 어떠한 쪽의 위치로, 지도에서 동서남북으로 표시하는 것을 무엇이라고 할까요?

ㅂ   ㅇ   →   ☐   ☐

방위 알아보기

🐾 예쁘냥 집 근처에는 어떤 것들이 있는 살펴볼까요? 숨어 있는 냥냥이도 함께 찾아보세요.

- 우리 집 동쪽에는 (   )이/가 있고, 서쪽에는 (   )이/가 있어.
- 도서관은 우리 집 (   )쪽에 있어.
- 우리 집 북쪽에 있는 것은 무엇인가요? (   )
- 숨어 있는 냥냥이는 모두 (   )마리예요.

보물찾기

🐾 어쩌냥이 보물을 찾아가고 있어요. 안내된 방위를 따라 보물을 함께 찾아 주세요. 어쩌냥이 찾은 보물은 무엇인가요?

출발 ➡️

동쪽으로 3칸
→ 남쪽으로 4칸
→ 서쪽으로 1칸
→ 북쪽으로 2칸
→ 동쪽으로 3칸
찾았다!

(   )

냥냥이와 문장대결 🐾 '방위'라는 어휘를 넣어 예쁘냥과 문장 대결을 펼쳐 볼까요?

동서남북을 알려 주는 방위는 지도의 기본 요소 중 하나야.
_____

_____

어휘랑 놀자 05

초성퀴즈

인간의 생활을 경제적으로 풍요롭게 하기 위해 물건을 생산하는 일을 무엇이라고 할까요?

ㅅ ㅇ → ☐ ☐

나무 다리 건너기

옳은 설명이 쓰인 곳은 안전한 나무, 옳지 <u>않은</u> 설명이 쓰인 곳은 썩은 나무예요. 예쁜냥이 낭떠러지로 떨어지지 않고 무사히 다리를 건널 수 있도록 옳은 설명을 골라 노란색으로 색칠해 주세요.

산업은 인간의 생활에 필요한 물건 따위를 생산하는 일을 말한다.

회사나 공장에서 일하려고 산업의 중심지에 모인다.

사람들이 문화유산, 아름다운 풍경을 보기 위해 모이는 곳이 산업의 중심지이다.

구미와 포항시에는 산업 단지가 형성되어 있다.

산업과 상업은 같은 말이다.

산업의 중심지에는 회사나 공장이 많이 있다.

벌집 모양 끝말잇기

한 줄 끝말잇기만 하면 심심하잖아요. 앞말도 이어 보고, 끝말도 두 개, 세 개씩 이어 볼까요?

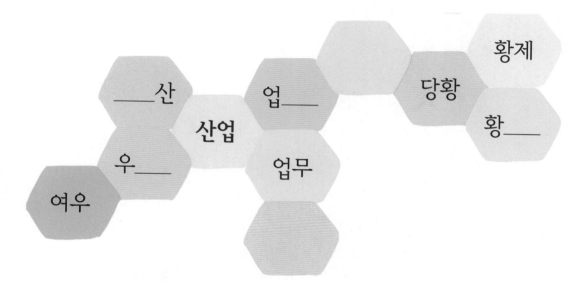

 냥냥이와 문장대결 🐾 '산업'이라는 어휘를 넣어 괜찬냥과 문장 대결을 펼쳐 볼까요?

산업의 중심지에는 공장과 회사들이 많이 모여 있어.

어휘랑 놀자

06

1. 지역의 위치와 특성

초 성 퀴 즈

일정한 시설을 갖추고 물건을 파는 곳을 무엇이라고 할까요?

ㅅ ㅈ → ☐ ☐

꾸며 주는 말을 찾아라!

문장마다 빈칸이 있네요. 빈칸에 어울리는 꾸며 주는 말을 보기 에서 찾은 다음 길을 잘 따라가서 빈칸을 완성해 주세요.

보기

| 매우 | 바로 | 아예 | 무려 | 서로 |

(1) 고기를 파는 상점은 우리 집 ☐☐ 옆에 있다. → ☐ ☐

(2) 집 근처에 과일을 파는 상점이 ☐☐ 5곳이나 된다. → ☐ ☐

(3) 생선을 파는 상점은 우리 집에서 ☐☐ 멀다. → ☐ ☐

(4) 생선 사러 가기 귀찮아서 나는 ☐☐ 생선을 먹지 않기로 했다. → ☐ ☐

18

시장에 가면 놀이

🐾 모르냥 집 근처에는 '문구나라'라는 문구점이 있어요. 그 문구점에 있는 것들을 생각하면서 '시장에 가면' 놀이를 완성해 보세요.

- 문구점에 가면 연필도 있고,

- 문구점에 가면 연필도 있고, (   )도 있고,

- 문구점에 가면 연필도 있고, (   )도 있고, 색연필도 있고,

- 문구점에 가면 연필도 있고, (   )도 있고, 색연필도 있고, (   )도 있고,

- 문구점에 가면 연필도 있고, (   )도 있고, 색연필도 있고, (   )도 있고, 공책도 있고,

- 문구점에 가면 연필도 있고, (   )도 있고, 색연필도 있고, (   )도 있고, 공책도 있고, (   )도 있고.

냥냥이와 문장대결

🐾 '상점'이라는 어휘를 넣어 어쩌냥과 문장 대결을 펼쳐 볼까요?

상점 안에는 다양한 상품들이 진열되어 있어.

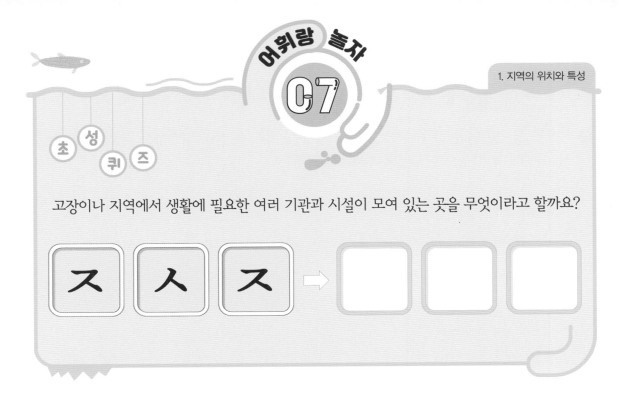

어휘랑 놀자

07

초성퀴즈

고장이나 지역에서 생활에 필요한 여러 기관과 시설이 모여 있는 곳을 무엇이라고 할까요?

ㅈ ㅅ ㅈ ➡ □ □ □

현관문을 열어라!

🐾 괜찬냥이 집 현관 비밀번호를 깜빡해서 집에 들어가지 못하고 있어요. 친구들이 중심지에 대한 알맞은 설명을 찾아 괜찬냥 집 현관 비밀번호의 마지막 숫자를 색칠해 주세요.

마지막 숫자는?

1	중심지에는 사람이 많이 모이지 않는다.
4	이동을 위해 모이는 곳은 상업의 중심지이다.
7	중심지는 필요한 것을 구하거나 시설을 이용하기 위해 간다.
0	중심지에는 논과 밭이 많다.

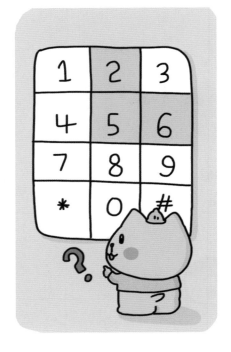

알맞은 중심지를 찾아라

냥냥이들이 살고 있는 지역에는 다양한 중심지가 있어요. 사람들이 중심지에 모이는 까닭을 보고, 어떤 중심지인지 보기 에서 찾아 쓰세요.

보기

| 교통 | 산업 | 상업 | 행정 |

(1) 대형 할인점, 상점, 시장 따위에서 물건을 사고팔기 위해 모인다.

☐☐의 중심지

(2) 물건을 만드는 회사나 공장에서 일하기 위해 모인다.

☐☐의 중심지

(3) 교통 시설을 이용해 다른 지역으로 이동하기 위해 모인다.

☐☐의 중심지

(4) 생활에 필요한 행정 업무를 처리하기 위해 모인다.

☐☐의 중심지

냥냥이와 문장대결

'중심지'라는 어휘를 넣어 예쁘냥과 문장 대결을 펼쳐 볼까요?

 지역에는 관광, 교통, 산업, 상업, 행정 따위의 중심지가 있어.

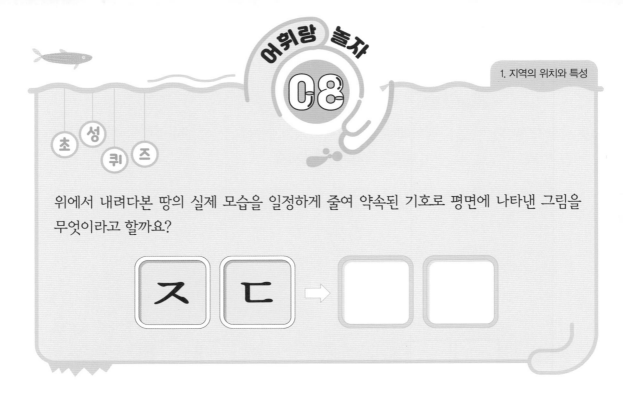

어휘랑 놀자 08

초성퀴즈

위에서 내려다본 땅의 실제 모습을 일정하게 줄여 약속된 기호로 평면에 나타낸 그림을 무엇이라고 할까요?

ㅈ ㄷ →

깜박한 어휘 찾기

🐾 지도에 대한 바른 설명을 찾아볼까요? 설명이 바른 도형의 글자를 모으면 어쩌냥이 깜박한 어휘를 찾을 수 있어요.

지도는 실제 땅보다 줄여서 작게 그린다.
축

지도에 사용된 기호는 모두 외워야 한다.
하

지도에는 땅의 높낮이를 나타내지 못한다.
구

지도의 방위표로 동서남북을 알 수 있다.
척

아하!
내가 찾는 어휘는
(   )(이)야.

필요한 지도 찾기

🐾 축척이 다른 지도 두 개가 있어요. 각각의 냥냥이들에게 필요한 지도의 기호를 쓰세요.

난 내가 사는 지역을 넓게, 한눈에 볼 수 있는 지도가 필요해.

난 우리 집 주변만 자세히 보고 싶어.

⇨ 괜찮냥에게는 (   ), 머라냥에게는 (   ) 지도가 필요해!

냥냥이와 문장대결
🐾 '지도'라는 어휘를 넣어 알갓냥과 문장 대결을 펼쳐 볼까요?

사람들은 생활 속에서 다양한 지도를 활용해.

23

어휘랑 놀자 09

초 성 퀴 즈

항공기에서 지상의 모습을 찍은 사진을 무엇이라고 할까요?

| ㅎ | ㄱ | ㅅ | ㅈ | ➡ | | | | |

숫자 퍼즐

🐾 주어진 숫자에 알맞은 색을 칠하여 숨어 있는 그림을 찾아볼까요?

5	4	4	4	1	4	4	4	4	4
4	4	5	4	1	1	4	4	5	4
4	4	4	4	1	1	4	4	4	4
4	1	4	3	3	3	3	2	4	4
4	3	3	3	3	3	3	2	3	4
4	3	4	3	1	1	3	3	3	4
4	1	4	4	1	1	4	4	4	4
4	4	4	4	1	1	4	5	4	4
4	5	4	4	1	4	4	4	4	5

1 : 초록   2 : 하늘   3 : 보라   4 : 검정   5 : 노랑

정답 110쪽

🐾 머라냥이 항공 사진과 지도를 잘 구분하지 못하고 있어요. 다음 지도가 무엇인지 찾고, 지도에 맞는 설명을 선으로 이어 주세요.

항공 사진

지도

하늘에서 내려다본 땅의 모습을 일정하게 줄여서 평면에 나타내었다.

하늘에서 내려다본 땅의 실제 모습이 그대로 모두 나타나 있다.

냥냥이와 문장대결 🐾 '항공 사진'이라는 어휘를 넣어 예쁘냥과 문장 대결을 펼쳐 볼 까요?

 항공 사진은 실제 모습을 볼 수 있지만 장소 이름이 적혀 있지 않아 알아보기 어려워.

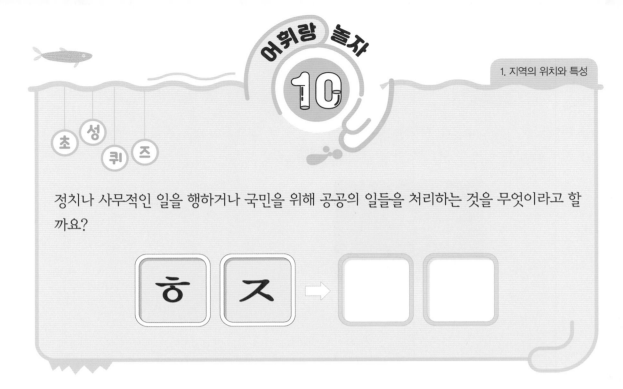

어휘랑 놀자

10

초 성 퀴 즈

정치나 사무적인 일을 행하거나 국민을 위해 공공의 일들을 처리하는 것을 무엇이라고 할까요?

ㅎ ㅈ → ☐ ☐

알맞은 장소를 찾아라

다음 중 행정 업무를 처리하는 장소에는 빨간색, 그렇지 않은 장소에는 빨간색을 뺀 다른 색들을 칠해 예쁜 꽃바구니를 완성해 주세요.

시청
슈퍼마켓
교육청
도서관
병원
영화관
도청
음식점
시장
미용실

말판놀이

🐾 1단원에서 배운 내용을 바탕으로 가족과 함께 말판놀이를 해 보세요.

	지역에는 행정, 산업, 교통, 상업, 관광 따위의 다양한 중심지가 있다. (○, ×)	지도에서 동서남북을 나타내는 것은?	지도에서 땅의 높낮이를 나타내는 것은?	앞으로 3칸	지도는 한 가지 종류만 있다. (○, ×)
→ 출발					
지도에서 땅이나 건물의 모습을 간단히 나타낸 것은?		**놀이 방법**			뒤로 3칸
생활에 필요한 것을 구하거나 시설을 이용하려고 사람들이 모이는 곳은?		① 가위바위보로 순서를 정한다. ② 주사위 수만큼 말을 이동시켜 질문에 답한다. ③ 맞으면 말판을 놓고, 틀리면 제자리에 있는다. ④ 먼저 도착하는 사람이 이긴다.			지역에는 중심지가 하나만 있다. (○, ×)
땅의 모습을 일정하게 줄여서 평면에 나타낸 것은?					처음으로
앞으로 2칸	한 번 쉬어요.	지도에 쓰인 기호와 그 뜻을 모아 나타낸 것은?	뒤로 1칸	지도에서 실제 거리를 줄인 정도를 나타내는 것은?	행정 업무를 처리하려고 모이는 중심지는?

냥냥이와 문장대결

🐾 '행정'이라는 어휘를 넣어 모르냥과 문장 대결을 펼쳐 볼까요?

생활에 필요한 행정 업무를 보기 위해 행정의 중심지에 모여.

어휘랑 놀자 11

초 성 퀴 즈

상품의 교환 가치를 나타내는 동전, 지폐 따위를 통틀어 이르는 말을 무엇이라고 할까요?

ㅎ ㅍ → ☐ ☐

선으로 연결하기

🐾 우리나라의 화폐를 자세히 살펴본 적 있나요? 우리나라 화폐 속에 그려진 인물과 문화유산을 찾아 선으로 이어 보세요.

⬆ 퇴계 이황

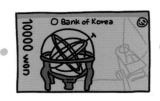

겸재 정선의 그림
계상정거도

⬆ 율곡 이이

조선의 천문 관측기
혼천의

⬆ 세종대왕

신사임당의 그림
초충도

28

정답 110쪽

노래 가사 바꾸기

우리나라의 화폐를 떠올리며 노래 가사를 바꾸어 볼까요?

우리 서로	학교 길에	만나면	만나면

⬇

우리나라	화폐에는	무엇이	있을까

웃는 얼굴하고	인사 나눕시다	얘들아	안 – 녕

⬇

이순신은 백 원			

냥냥이와 문장대결

'화폐'라는 어휘를 넣어 모르냥과 문장 대결을 펼쳐 볼까요?

 나라마다 사용하는 화폐가 달라.

초성퀴즈

사실이 아니거나 존재하지 않는 것을 사실이거나 실제로 있는 것처럼 생각하는 것을 무엇이라고 할까요?

ㄱ   ㅅ   →   ☐   ☐

보물찾기

🐾 냥냥이 친구들이 보물찾기를 하고 있어요. '사실이 아니거나 존재하지 않는 것을 실제로 있는 것처럼 생각함'이란 뜻을 가진 어휘를 찾으면 선물을 받을 수 있대요. 선물을 받을 수 있는 냥냥이에게 ○표 하세요.

적절한 어휘 찾기

🐾 자연스러운 문장은 어떻게 만들어야 할까요? 머라냥이 하는 말이 어색하지 않도록 밑줄 친 말과 어울리는 말을 골라 ○표 하세요.

(1)	내가 체험한 가상 세계는 **마치**	무지개처럼	아름다웠어.
		무지개보다	

(2)	너도 **만약에**	체험하게 된다면	매우 놀랄 거야.
		체험하게 되어서	

(3)	**비록**	가상의 세계라서	지금도 너무 생생해.
		가상의 세계였지만	

냥냥이와 문장대결

🐾 '가상'이라는 어휘를 넣어 알갓냥과 문장 대결을 펼쳐 볼까요?

 우주 한가운데에 있다고 가상하여 글쓰기를 했어.

어휘랑 놀자

13

초 성 퀴 즈

건물이나 건축물, 시설 따위를 새로 만들어 세우는 것을 무엇이라고 할까요?

ㄱ ㅅ →

좌표를 읽어라

🐾 좌표를 따라가면 원하는 글자를 찾을 수 있어요. 주어진 좌표를 읽고 예쁘냥이 찾는 어휘를 찾아 쓰세요.

좌표(가, 5)는 '람'을 나타내요.

좌표	가	나	다	라	마
1	어	쩌	손	고	상
2	건	철	섬	모	설
3	냥	구	복	업	원
4	존	견	속	학	도
5	람	거	국	관	르

① 예쁘냥이 살고 있는 지역에 좌표 (라, 1) (다, 4) (나, 2) (마, 4)를 건설 중이다.

② 예쁘냥 책상 속에 사탕을 넣어 놓은 냥냥이는 좌표 (라, 2) (마, 5) (가, 3)이다.

정답 111쪽

흉내 내는 말을 활용하라

냥냥이들이 건설 현장 곳곳에 숨어 있어요. 보기 의 흉내 내는 말을 활용하여 냥냥이의 모습을 설명해 주세요.

보기

철퍼덕　　아슬아슬　　투덜투덜　　휘리릭　　토닥토닥　　빈둥빈둥

(1) 모르냥이 (　투덜투덜　)대며 일을 하고 있다.

(2) 괜찮냥은 (　　　　　) 계단을 오르고 있다.

(3) 머라냥은 (　　　　　) 노래 부르며 놀고 있다.

(4) 어쩌냥의 발이 웅덩이에 (　　　　　) 빠졌다.

냥냥이와 문장대결

'건설'이라는 어휘를 넣어 알갓냥과 문장 대결을 펼쳐 볼까요?

건설 현장에는 위험한 물건이 많으니 조심해야 해.

33

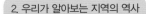

어떤 장소를 직접 방문하여 실제로 보고 그 일에 관한 구체적인 지식을 배우는 것을 무엇이라고 할까요?

개념 이해하기

🐾 다음 중 견학에 대한 설명으로 바른 것에 ○표 하세요.

견학은 누리집 검색을 통하여 조사를 하는 활동이다. ( )	견학 전에 견학을 해도 되는지 미리 확인한다. ( )	견학은 허락을 받은 일이므로 마음대로 돌아다닌다. ( )
설명을 들을 때에는 떠들지 않고 집중하여 듣는다. ( )	견학 장소의 다양한 시설을 자유롭게 만져 본다. ( )	견학 후에는 알게 된 점, 느낀 점 따위를 견학 보고서로 정리한다. ( )

정답 111쪽

임무를 수행하라

모르냥이 박물관 견학을 갔어요. 주어진 임무가 있네요. 어떤 길로 가야 다음 임무를 수행하면서 견학을 마칠 수 있는지 지도에 표시해 보세요. (단, 갔던 길로는 다시 가지 않아요.)

임무
❶ 금동미륵보살반가사유상 앞에서 같은 포즈 취하기
❷ 도자기 만들기 체험하기
❸ 다보탑 앞에서 어쩌냥 만나기

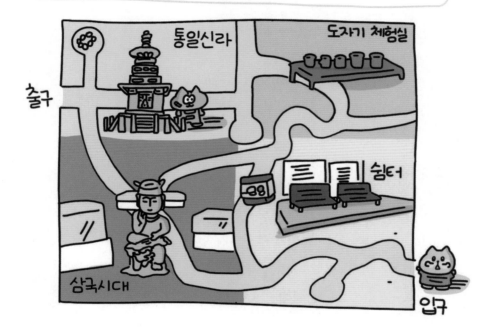

냥냥이와 문장대결

'견학'이라는 어휘를 넣어 어쩌냥과 문장 대결을 펼쳐 볼까요?

견학할 때는 예절을 잘 지키며 견학해야 해요.

35

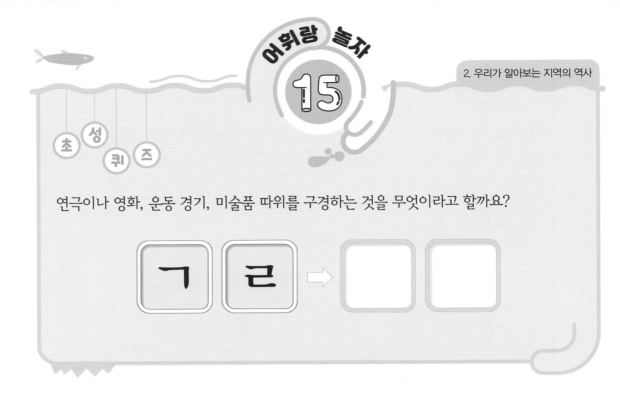

어휘랑 놀자

15

초 성 퀴 즈

연극이나 영화, 운동 경기, 미술품 따위를 구경하는 것을 무엇이라고 할까요?

ㄱ ㄹ →

끝말잇기로 어휘 찾기

🐾 다음의 끝말잇기를 한 뒤, 숫자가 있는 글자를 순서대로 조합하면 머라냥이 찾는 어휘를 알 수 있어요. 머라냥이 찾는 어휘가 무엇인지 함께 알아볼까요?

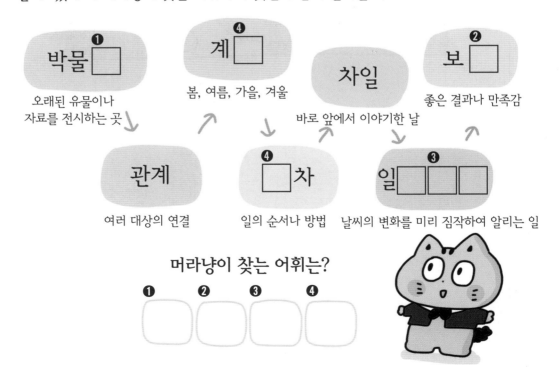

박물❶
오래된 유물이나 자료를 전시하는 곳

계❹
봄, 여름, 가을, 겨울

차일
바로 앞에서 이야기한 날

보❷
좋은 결과나 만족감

관계
여러 대상의 연결

❹차
일의 순서나 방법

일❸
날씨의 변화를 미리 짐작하여 알리는 일

머라냥이 찾는 어휘는?

❶ ❷ ❸ ❹

36

스도쿠 완성하기

스도쿠를 알고 있나요? 규칙을 잘 읽어보고, 관람의 종류로 스도쿠를 완성해 보세요.

규칙

① 가로 한 줄에 관람하는 것이 한 번씩 들어간다.

② 세로 한 줄에 관람하는 것이 한 번씩 들어간다.

③ 진한 칸(4칸) 안에 서로 다른 관람하는 것이 한 번씩 들어간다.

	영화 관람	연극 관람	
운동 경기 관람		영화 관람	
연극 관람		박물관 관람	영화 관람
	박물관 관람		

냥냥이와 문장대결   '관람'이라는 어휘를 넣어 예쁘냥과 문장 대결을 펼쳐 볼까요?

친구와 함께 경기를 관람했더니 더 즐거웠어.

_____

_____

어휘랑 놀자 16

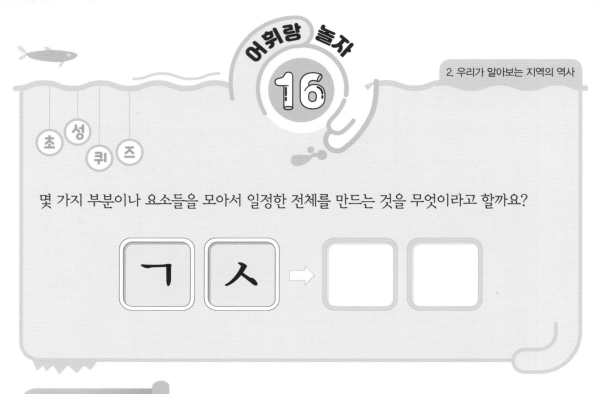

초 성 퀴 즈

몇 가지 부분이나 요소들을 모아서 일정한 전체를 만드는 것을 무엇이라고 할까요?

ㄱ ㅅ ➡ ☐ ☐

어휘의 활용 알기

🐾 냥냥이들이 하루 동안의 수업에 대해 이야기를 나누고 있어요. '구성'이라는 어휘를 바르게 활용한 냥냥이에 ○표 하세요.

미술 시간에 칭찬받아서 뿌듯했어. 색과 모양의 구성이 조화롭게 되어서 보기에 좋다고 하셨거든.

난 체육 시간이 가장 신났어. 내가 멋지게 두 골을 구성해서 우리 모둠이 이겼잖아.

난 음악 시간이 가장 좋아. 친구들의 목소리가 하나로 어우러져서 무척 구성적이었거든.

구성이 멋진 작품을 골라라

🐾 수업 시간에는 소개 자료를 만들 일이 참 많아요. 냥냥이들이 만든 문화 유산 홍보 자료 중 구성을 수정해 주고 싶은 것의 기호를 쓰고, 그 까닭을 써 보세요.

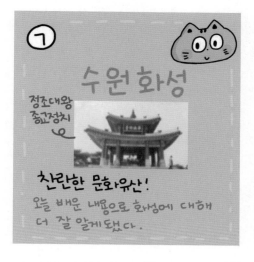

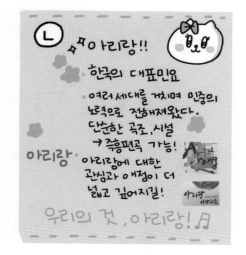

수정해 주고 싶은 홍보 자료는 (　　　　)이에요.

어떻게 바꾸고 싶냐면,

냥냥이와 문장대결

🐾 '구성'이라는 어휘를 넣어 모르냥과 문장 대결을 펼쳐 볼까요?

역사적 인물을 소개하는 포스터를 멋지게 구성했어.

_____

어휘랑 놀자 17

초 성 퀴 즈

글을 이루고 있는 구절을 무엇이라고 할까요?

| ㅁ | ㄱ | → | | |

나도 카피라이터

🐾 인상적인 말 한마디가 한 시간 동안 설명하는 것보다 효과적일 때가 있어요. 다음과 같은 상황에서 깊은 인상을 남길 수 있는 멋진 문구를 만들어 볼까요?

(1) 쓰레기 주인을 찾는 것이 우선일까요?

(2) 물이 떨어지는 것이 아니에요.
돈이 떨어지고 있는 것이에요.

카피라이터는 광고에 사용되는 글을 만드는 사람이에요.

초성 퀴즈

🐾 주어진 초성을 보고 어휘 만들기 놀이를 하고 있어요. 친구들의 어휘 실력은 얼마나 풍부한지 알아볼까요? 할 수 있는 만큼 빈칸을 채워 보세요. 어려울 땐 힌트를!

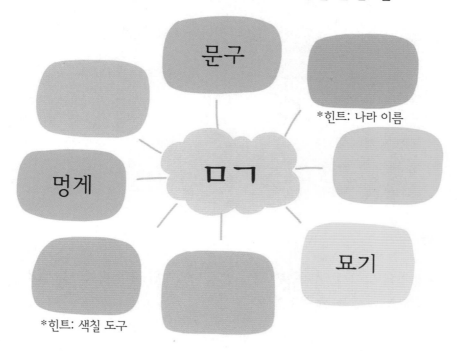

문구

ㅁㄱ

*힌트: 나라 이름

멍게

묘기

*힌트: 색칠 도구

냥냥이와 문장대결 🐾 '문구'라는 어휘를 넣어 어쩌냥과 문장 대결을 펼쳐 볼까요?

 우리 학교 복도에는 '우측통행'이라는 문구가 적혀 있어.

어휘랑 놀자

18

초 성 퀴 즈

2. 우리가 알아보는 지역의 역사

사물을 원래 상태로 되돌려 회복하는 것을 무엇이라고 할까요?

ㅂ ㅇ → ☐ ☐

문장 완성하기

🐾 문장 안에서 앞의 말이 살짝 바뀌면 뒤의 말도 마법처럼 따라 바뀌어야 해요. 자연스러운 문장이 되도록 뒤의 말을 바꾸어 볼까요?

(1)

문화유산을 복원하다.
문화유산이 (   ).

(2)

사진을 찍다.
사진이 (   ).

(3)

꽃을 (   ).
꽃이 (   ).

42

🐾 훼손되고 사라져 가는 우리 문화유산이 무척 많아요. 이러한 문화유산을 복원하기 전에 먼저 지키려고 노력하는 자세가 중요하겠죠? 우리 다 함께 문화유산 지킴이 서약서를 써 보아요.

문화유산 지킴이 서약서

나 (   )은/는 문화유산 지킴이로서 다음과 같이 노력할 것을 약속합니다.

첫째, 문화유산을 답사할 때 함부로 만지지 않겠습니다.

둘째, _____

_____

셋째, _____

_____

냥냥이와 문장대결 🐾 '복원'이라는 어휘를 넣어 괜찮냥과 문장 대결을 펼쳐 볼까요?

어른이 되면 훼손된 문화유산을 복원하는 일을 하고 싶어.
_____

_____

43

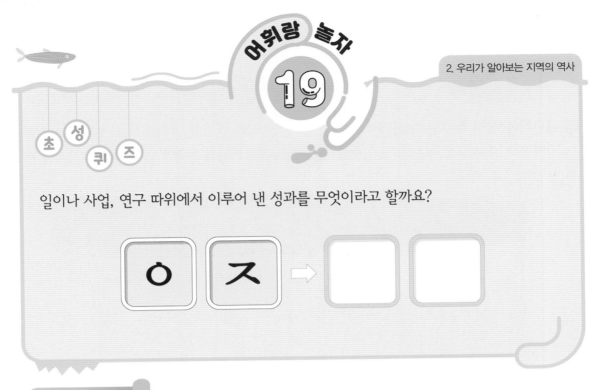

어휘랑 놀자 19

초 성 퀴 즈

일이나 사업, 연구 따위에서 이루어 낸 성과를 무엇이라고 할까요?

ㅇ ㅈ →

어휘 확장하기

존경하는 역사적 인물이 있나요? 내가 존경하는 인물을 정하여 생각그물을 완성해 보세요.

일생

관련 장소

인물:

느낀 점

업적

존경하는 분의 일생,
훌륭한 업적, 그 인물이 태어났거나
업적을 남긴 장소 따위를 적어 봐.
그리고 정리하면서 느낀 점도
적어 볼까?

난 누구일까요?

🐾 냥냥이들이 '난 누구일까요' 놀이를 하고 있어요. 예쁘냥이 설명하는 역사적 인물은 누구인
가요?

❶ 나는 조선 시대의 화가야.

❷ 나는 유명한 풍속화(사람들의 생활 모습을 주로 그린 그림)를 많이
그렸어.

❸ 나의 호는 '단원'이야. 안산에는 나의 호를 딴 단원 미술관이 있어.

❹ 내가 그린 그림에는 〈서당〉,〈무동(춤추는 아이)〉 따위가 있어.

정답:

냥냥이와 문장대결 🐾 '업적'이라는 어휘를 넣어 머라냥과 문장 대결을 펼쳐 볼까요?

 세종대왕의 가장 큰 업적은 한글 창제라고 생각해.

어휘랑 놀자

20

초 성 퀴 즈

남의 인격, 생각, 행동 따위를 우러러 받드는 것을 무엇이라고 할까요?

ㅈ ㄱ →

십자말풀이

🐾 냥냥이들이 낸 문제를 풀어 십자말풀이의 빈칸을 채워 볼까요?

가로 열쇠

❶ 옛날부터 전해 내려오는 것 중 후손에게 물려줄 가치가 있는 것
❸ 어떤 사업이나 연구 따위에서 세운 공적
❺ 비행 중인 항공기에서 고성능 사진기로 지상을 찍은 사진
❻ 남의 인격, 사상, 행동 따위를 받들어 공경함

세로 열쇠

❶ 글의 구절
❷ 인간의 생활을 경제적으로 풍요롭게 하기 위하여 재화나 서비스를 생산하는 사업
❹ 굽히거나 지지 않으려고 맞서서 버팀
❻ 높이어 귀중하게 대함(다른 사람의 의견을 ○○ 해요.)

선으로 연결하기

🐾 냥냥이들이 각각 존경하는 인물은 누구인지 선으로 이어 주세요.

한글을 창제하신
이분께 정말 감사해.
난 영어가 너무
싫거든.

나라의 독립을
위해 용감하게 맞선
이분을 존경해.

이분은 천재셔.
거중기를 만들어
수원 화성을 멋지게
건설하셨잖아.

거북선 알지?
12척의 배로 300척이
넘는 왜군과 싸우신
분이야.

세종대왕

정약용

이순신

유관순

냥냥이와 문장대결
🐾 '존경'이라는 어휘를 넣어 머라냥과 문장 대결을 펼쳐 볼까요?

나는 열심히 생활하시는 우리 부모님을 존경해.

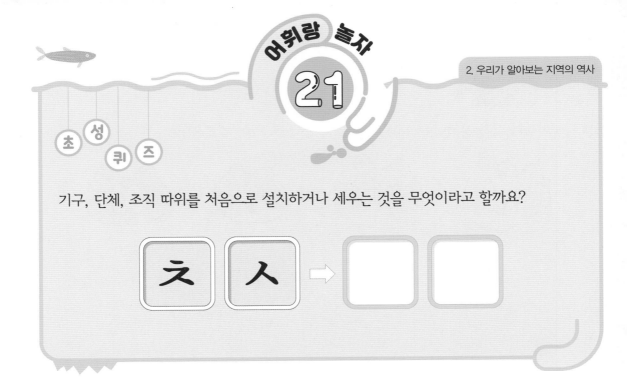

어휘랑 놀자 21

초성퀴즈

기구, 단체, 조직 따위를 처음으로 설치하거나 세우는 것을 무엇이라고 할까요?

ㅊ   ㅅ   →   □   □

스마트폰의 비밀번호를 풀어라

머라냥이 스마트폰의 비밀번호를 잊어버렸다고 해요. 문제를 풀면 비밀번호를 찾을 수 있대요. 머라냥을 도와주세요.

비밀번호는

▶ 독립운동가들 중에서 의열단을 창설한 사람들에 대해 알고 있나요? 나라의 독립을 위해 노력한 '의열단'에 대해 조사하려고 해요. 조사 순서대로 번호를 적으면 비밀번호가 돼요.

2	조사할 인물과 주제 정하기	4	역사적 인물 조사하기
6	조사 계획서 작성하기	8	조사 보고서 작성하기

비슷한 말 찾기

🐾 달콤한 맛과 새콤한 맛이 섞인 사탕 바구니가 있어요. '창설'과 비슷한 말이 써 있는 사탕이 달콤한 맛이라고 하네요. 어쩌냥이 좋아하는 달콤한 맛 사탕을 골라 주세요.

출발!

설비   창립

창문   창단 도착

설립

해설   창건   창조   창고

달콤한 맛 사탕 : (   )

냥냥이와 문장대결   🐾 '창설'이라는 어휘를 넣어 예쁘냥과 문장 대결을 펼쳐 볼까요?

우리나라의 공군, 육군, 해군 중 해군이 가장 먼저 창설되었대.

49

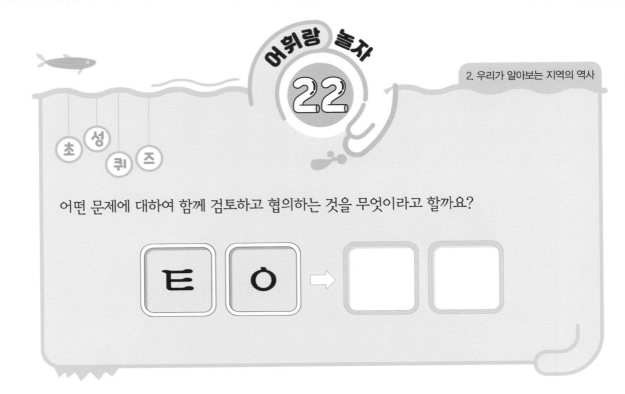

어휘랑 놀자 22

초성퀴즈

어떤 문제에 대하여 함께 검토하고 협의하는 것을 무엇이라고 할까요?

ㅌ ㅇ → ☐ ☐

어휘 퍼즐

다음 글자 판에는 2단원을 공부하며 익혔던 어휘 5개와 역사적 인물 3명의 이름이 숨어 있어요. 어떤 어휘와 어떤 인물의 이름이 보이나요?

당	건	석	존	재
상	유	관	렴	경
보	관	디	토	의
김	순	정	놀	자
드	약	스	창	설
용	달	견	서	구
복	사	기	학	상
원	이	순	신	경

2단원에서 익힌 어휘

역사적 인물

정답 113쪽

카드 뒤집기 놀이

🐾 2단원에서 열심히 익힌 어휘로 가족들과 카드 뒤집기 놀이를 해 보세요. 카드는 2단원에서 배운 어휘만 사용하여 만드세요.

놀이 방법

① 24장의 카드 모양을 만든다.

② 2단원에서 공부했던 어휘 11개와 꽝이 두 개씩 되도록 카드에 쓴다.

③ 만든 카드를 모두 뒤집어서 섞은 뒤 순서를 정해 각각 두 장씩 뒤집는다.

④ 뒤집은 두 장의 카드가 같은 어휘이면 가져가고, 다른 어휘이면 다시 뒤집어 놓는다.

⑤ 놀이가 끝났을 때 더 많은 카드를 가진 사람이 이긴다.

냥냥이와 문장대결

🐾 '토의'라는 어휘를 넣어 모르냥과 문장 대결을 펼쳐 볼까요?

 우리 지역의 문화유산 중 어떤 곳으로 답사를 갈 지 토의하자.

51

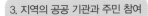

어휘랑 놀자 23

개인이나 집단 사이에 처지나 이해관계가 달라 서로 적대시하거나 충돌을 일으키는 것을 무엇이라고 할까요?

해결사가 되어라

🐾 머라냥과 어쩌냥 사이에 다음과 같은 갈등이 발생했어요. 이 갈등을 해결하기 위해서 어떻게 하면 좋을지 생각해 보세요.

갈등 상황을 찾아라

🐾 냥냥이가 사는 지역에 다양한 문제가 발생했어요. 지역 주민 간에 갈등이 발생할 수 있는 상황을 모두 찾아 ○표 하고, 그중 한 가지 상황을 선택하여 해결 방안을 생각해 보세요.

• 갈등이 생긴 까닭:

• 갈등 해결 방안:

냥냥이와 문장대결   🐾 '갈등'이라는 어휘를 넣어 알갓냥과 문장 대결을 펼쳐 볼까요?

 반려견이 짖는 소리 때문에 이웃과 갈등이 생겼어.

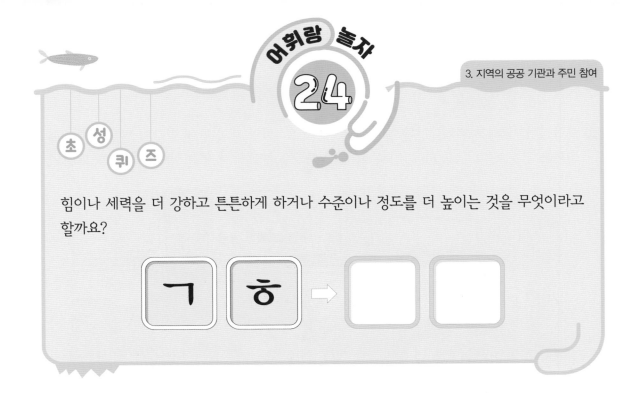

어휘랑 놀자 24

초 성 퀴 즈

힘이나 세력을 더 강하고 튼튼하게 하거나 수준이나 정도를 더 높이는 것을 무엇이라고 할까요?

ㄱ ㅎ → ☐ ☐

강화하고 싶은 것을 찾아라

🐾 나의 습관 중 강화하고 싶거나 약화하고 싶은 것이 있나요? 각각 한 가지씩 생각하여 그 까닭과 함께 써 보세요.

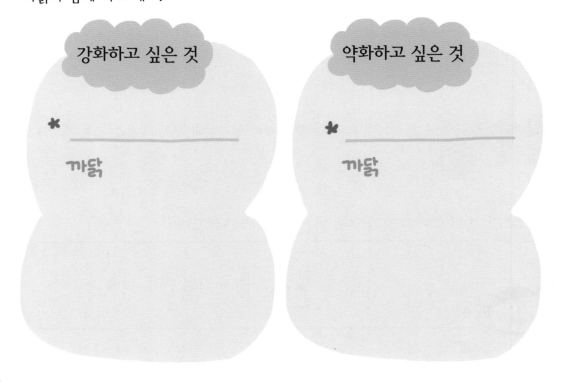

강화하고 싶은 것

* _____

까닭

약화하고 싶은 것

* _____

까닭

반대말 찾기

🐾 다음 그림을 보고 반대되는 말을 찾아 빈칸에 쓰세요.

(1)

매일매일 운동을 했더니 체력이
강화되었다.

운동을 꾸준히 하지 않아 체력이
□□ 되었다.

(2)

계단에서는 우측통행을 해야
안전하다.

계단에서 뛰거나 장난을 치면
□□ 하다.

냥냥이와 문장대결 🐾 '강화'라는 어휘를 넣어 모르냥과 문장 대결을 펼쳐 볼까요?

법을 어기는 사람들 때문에 단속이 강화되고 있대요.

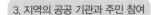

어떤 문제에 대해 개인이나 단체가 의견이나 희망을 내놓는 것을 무엇이라고 할까요?

편지를 쓴 까닭 찾기

🐾 모르냥이 부모님께 편지를 썼어요. 편지 내용을 보고, 모르냥이 부모님께 건의하고 싶은 것은 무엇인지 써 보세요.

> 사랑하는 부모님께
>
> 엄마, 아빠, 안녕하세요?
> 항상 사랑과 정성으로 저를 키워 주셔서 너무 감사해요.
> 그런데 제가 친구들보다 키가 좀 작아 걱정이시죠?
> 친구들 중 제일 키가 큰 머라냥은 일주일에 5번 참치 통조림을 먹는다고
> 해요. 우리 집은 일주일에 한 번 정도만 참치 통조림을 먹잖아요.
> 혹시 그래서 제가 작은 것은 아닐까요?
> 제가 작아서 늘 걱정이신 부모님을 대신해 제가 쑥쑥 클 수 있는 방법을
> 생각하여 건의를 드립니다.
> (   ) 어떨까요?
> 즐거운 마음으로 저의 건의를 들어주시리라 믿습니다. 사랑합니다.
>
> – 모르냥 올림

건의함을 만들어요

학교에 건의함이 있나요? 어떤 모양인가요? 만약 없다면 어떤 모양의 건의함이 설치되면 좋을지 건의함의 모양을 그려 보고, 학교에 건의하고 싶은 일을 한 가지 적어 보세요. 건의 사항을 적은 뒤 그 까닭을 적는 것도 잊지 마세요.

난 학교에 체육관이 생겼으면 좋겠어. 여름엔 더우니까 체육관에서 수업을 하고 싶기 때문이야.

만들고 싶은 건의함

학교에 건의하고 싶은 일

건의하고 싶은 까닭

냥냥이와 문장대결

'건의'라는 어휘를 넣어 머라냥과 문장 대결을 펼쳐 볼까요?

학교 운동장에 쓰레기통을 설치해 달라고 건의했어.

어휘랑 놀자 26

초성퀴즈

어떤 사실이나 내용을 찬찬히 살피고 분석하여 잘 따져 보는 것을 무엇이라고 할까요?

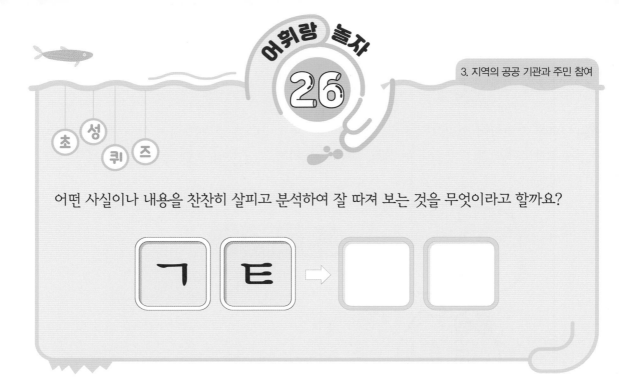

ㄱ ㅌ → ☐ ☐

실수한 냥냥이는?

🐾 다음 중 '검토'를 잘못 사용한 냥냥이는 누구인가요?

시험지를 풀고 나서는 검토를 해봐야 해.

여행 계획이 잘 세워졌는지 검토해보자.

'검토'는 검은색 토끼의 줄임말이라며?

검토를 할 때에는 신중하게, 잘 따져 보아야 해.

정답 ☐ ☐ ☐

58

적절하지 않은 어휘 고치기

다음은 모르냥이 쓴 일기예요. 일기에 사용한 초록색 어휘 중 적절하지 <u>않은</u> 것을 2개 찾아 바르게 고치세요.

○월 ○일 ○요일 날씨: 맑고 바람 조금

제목 : 과제를 베낀 자의 불안함

　공공 기관에 대해 조사하는 과제를 하지 않은 채 학교에 갔다. 친구들이 모두 조사를 해 오다니! 부랴부랴 괜찬냥의 공책을 빌려 그대로 베껴서 선생님께 제목했다.

　선생님께서는 모두 다 해 왔다며

매우 흐뭇해하셨다. 또 얼마나 잘 조사해 왔는지 천천히 검증해 보시겠다고도 하셨다.

　그렇다면 결국 내 것과 괜찬냥의 것이 똑같다는 것을 알게 되시겠지? 아, 조사해 갈 것을…… 후회가 된다. 불안해서 잠도 오지 않는다. 앞으로는 과제를 잘 챙겨야겠다.

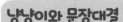 → _____ , → _____

냥냥이와 문장대결 　'검토'라는 어휘를 넣어 알갓냥과 문장 대결을 펼쳐 볼까요?

 학교 운동장에 쓰레기통을 설치해 달라고 건의한 것에 대해 검토하겠다고 하셨어.

 _____

어휘랑 놀자

27

초성퀴즈

개인이 아닌 주민 전체의 이익을 위한 장소 가운데 생활의 편의를 위해 국가나 지방 자치
단체가 세우거나 관리하는 곳을 무엇이라고 할까요?

ㄱ ㄱ ㄱ ㄱ →

숨은그림찾기

다음 그림에서 공공 기관 3곳과 숨어 있는 냥냥이 3마리를 찾아 ○표 하세요.

어휘 퍼즐

다음 글자 판에는 공공 기관 3곳과 냥냥이 3마리의 이름이 숨어 있어요. 어떤 어휘와 이름이 보이나요?

소	카	놀	라	유	고	청	시
건	냥	찬	괜	자	영	화	관
보	라	디	오	백	화	점	냥
숍	피	커	놀	이	공	원	뽀
드	레	스	머	라	냥	달	예
용	달	경	찰	서	하	지	만

공공 기관

냥냥이 이름

냥냥이와 문장대결   '공공 기관'이라는 어휘를 넣어 머라냥과 문장 대결을 펼쳐 볼까요?

공공 기관은 많은 사람에게 도움을 주는 곳이야.

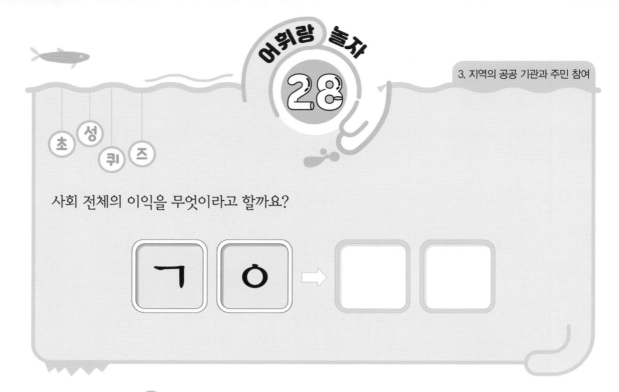

어휘랑 놀자 28

초성 퀴즈

사회 전체의 이익을 무엇이라고 할까요?

ㄱ ㅇ →

초성 퀴즈

주어진 초성을 보고 어휘 만들기 놀이를 하고 있어요. 친구들의 어휘 실력은 얼마나 풍부한지 알아볼까요? 할 수 있는 만큼 빈칸을 채워보세요. 어려울 땐 힌트를!

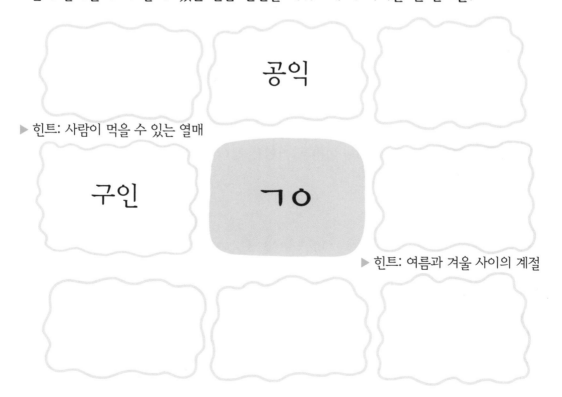

공익

▶ 힌트: 사람이 먹을 수 있는 열매

구인

ㄱ ㅇ

▶ 힌트: 여름과 겨울 사이의 계절

말풍선을 완성하라!

🐾 냥냥이들이 공익을 위해 앞장서겠대요. 냥냥이들이 자신 있게 이야기할 수 있도록 친구들이 말풍선을 채워 주세요.

냥냥이와 문장대결 🐾 '공익'이라는 어휘를 넣어 예쁘냥과 문장 대결을 펼쳐 볼까요?

 공공 기관은 공익을 위해 일을 하는 곳이지.

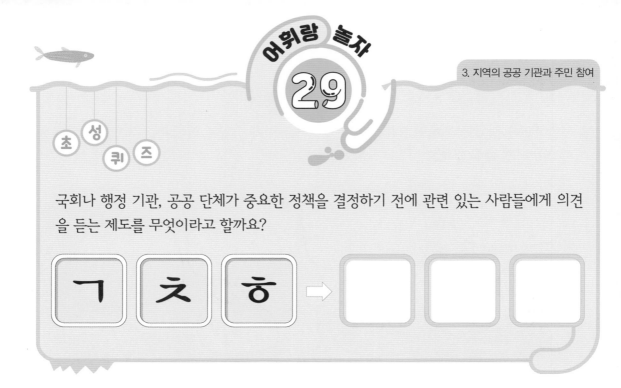

어휘랑 놀자
29

초 성 퀴 즈

국회나 행정 기관, 공공 단체가 중요한 정책을 결정하기 전에 관련 있는 사람들에게 의견을 듣는 제도를 무엇이라고 할까요?

ㄱ ㅊ ㅎ →

사다리 완성하기

다음은 다양한 모임을 뜻하는 어휘들이에요. 각각의 설명에 맞는 사다리를 만들기 위해 가로줄 1개를 추가하여 사다리를 완성하세요.

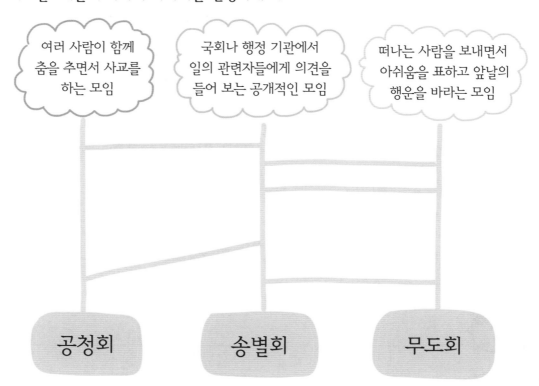

여러 사람이 함께 춤을 추면서 사교를 하는 모임

국회나 행정 기관에서 일의 관련자들에게 의견을 들어 보는 공개적인 모임

떠나는 사람을 보내면서 아쉬움을 표하고 앞날의 행운을 바라는 모임

공청회

송별회

무도회

계단 어휘 찾기

🐾 머라냥이 공청회 장소에 도착해 계단을 오르고 있어요. 계단에 숨어 있는 글자를 찾아 머라냥이 공청회에 간 까닭을 알아보세요. (단, 한 계단에 한 글자씩, 아래쪽부터 골라 ○표 하세요.)

남자, 여자 따지지 말고 적극적으로!

참 중요한 일이야.

지역 주민이면 한 번쯤 참여해 보면 좋아.

이런 곳은 자주 와야지.

▶ 공청회에 참여하는 것은 [   ][   ] 의 좋은 방법이야.

냥냥이와 문장대결

🐾 '공청회'라는 어휘를 넣어 괜찬냥과 문장 대결을 펼쳐 볼까요?

전문가와 지역 주민은 지역에 관한 의견을 나누기 위해 공청회에 참여했어.

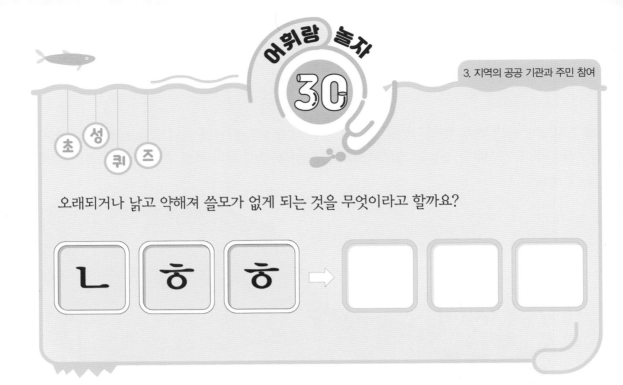

어휘랑 놀자 30

초성 퀴즈

오래되거나 낡고 약해져 쓸모가 없게 되는 것을 무엇이라고 할까요?

ㄴ   ㅎ   ㅎ   →   ☐   ☐   ☐

뜻을 더하는 말 - 화

'화(化)'는 '그렇게 만들거나 그렇게 되다'의 뜻을 가진 덧붙이는 말이에요. '노후화'와 같이 '화'가 덧붙여진 말을 더 찾아볼까요?

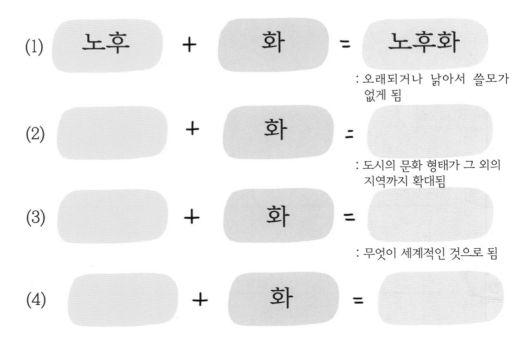

(1) 노후 + 화 = 노후화

: 오래되거나 낡아서 쓸모가 없게 됨

(2) ☐ + 화 = ☐

: 도시의 문화 형태가 그 외의 지역까지 확대됨

(3) ☐ + 화 = ☐

: 무엇이 세계적인 것으로 됨

(4) ☐ + 화 = ☐

글자 조합

괜찬냥이 감을 따서 할머니께 드리려고 해요. '오래되거나 낡고 약해져 쓸모가 없게 됨'을 뜻하는 어휘를 만들 수 있는 글자 감만 주황색으로 색칠하고, 찾은 어휘를 아래에 순서대로 쓰세요.

▶ 괜찬냥이 딴 감

냥냥이와 문장대결

'노후화'라는 어휘를 넣어 어쩌냥과 문장 대결을 펼쳐 볼까요?

우리 지역은 주택이 노후화되어 해결할 방법을 찾아야 해.

67

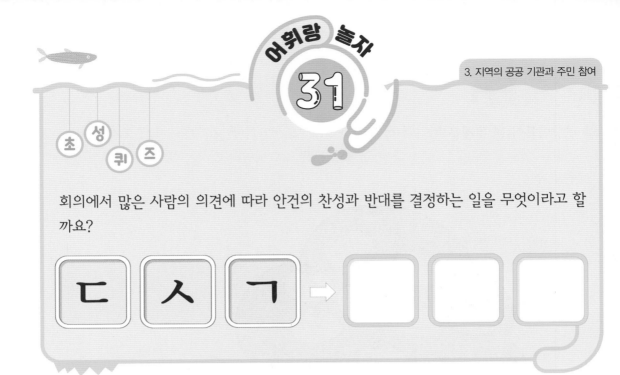

어휘랑 놀자
31

초 성 퀴 즈

회의에서 많은 사람의 의견에 따라 안건의 찬성과 반대를 결정하는 일을 무엇이라고 할까요?

ㄷ ㅅ ㄱ ➡ ☐ ☐ ☐

삼행시 완성하기

🐾 친구들의 센스를 알아보는 시간이에요. 위에서 확인한 어휘를 가지고 재미있고, 의미 있는 삼행시를 완성해 보세요.

다

십자말풀이

🐾 냥냥이들이 낸 문제를 풀어 십자말풀이의 빈칸을 채워 볼까요?

가로 열쇠

❷ 회의에서 많은 사람의 의견에 따라 결정하는 일
❹ 사회 전체의 이익
❺ 목적하는 바를 이룸(십자말풀이를 다 채웠다면 미션 ○○!)
❻ 연극, 영화, 운동 경기, 미술품 따위를 구경함
❼ 어떤 일을 서로 양보하여 협의함

세로 열쇠

❶ 지역 문제는 주민 참여로 ○○해요.
❸ 취미나 연구를 위하여 여러 가지 물건이나 재료를 찾아 모음. 또는 그 물건이나 재료
❹ 개인이 아닌 주민 전체의 이익을 위한 장소 가운데 생활의 편의를 위해 국가나 지방 자치 단체가 세우거나 관리하는 곳
❽ 힘을 합하여 서로 도움

		❶			❹	
❷	❸			❺		
		❼	❽			
					❻	

냥냥이와 문장대결

🐾 '다수결'이라는 어휘를 넣어 예쁘냥과 문장 대결을 펼쳐 볼까요?

학급 회의를 할 때는 다수결로 의견을 결정하는 경우가 많아.

_____

어휘랑 놀자 32

초 성 퀴 즈

규칙이나 법, 명령 따위를 지키도록 통제하는 것을 무엇이라고 할까요?

| ㄷ | ㅅ | → | | |

바꾸어 쓸 수 있는 말은?

냥냥이들이 학교 앞 자동차 과속 단속에 대해 이야기하고 있어요. 다음의 '많이'와 바꾸어 사용할 수 있는 말을 보기 에서 찾아 ○표 하세요.

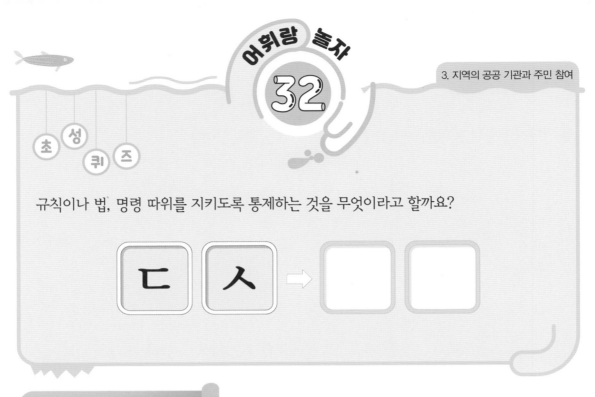

과속 단속 카메라

신호등

인도

횡단보도

학교

학교 앞에는 자동차들이 속도를 잘 지키는지 단속하는 카메라가 설치되어 있어.

어린이 보호를 위해 속도를 줄이는 것은 많이 중요한 일이야.

보기

매우	조금	굉장히	대단히	약간
엄청	살짝	더없이	무척	다소
상당히	몹시	너무	고작	겨우

늘 비슷한 표현만 사용하지 않나요?
'보통 보다는 더'라는 뜻을 가진
우리말은 이렇게 다양해요.
풍부한 우리말을 활용해 보아요!

▶ 바꾸어 쓸 수 있는 말은 (   )개이다.

알맞게 사용한 냥냥이는?

'단속'은 '규칙을 지키도록 통제한다'와 '주위를 기울여 다잡거나 보살핀다'는 두 가지 뜻이 있어요. 다음 중 '단속'을 다른 의미로 사용한 냥냥이는 누구인가요?

안전벨트는 생명 벨트라고 하잖아. 그래서 안전벨트 단속을 하나 봐.

과속 운전도 위험해. 고속도로에서 과속은 꼭 단속해야지.

금연 구역에서 담배를 피우는 것도 단속했으면 좋겠어.

물건을 잃어버리지 않도록 가방 단속도 잘 해야 해.

정답 ▭▭▭

냥냥이와 문장대결   '단속'이라는 어휘를 넣어 어쩌냥과 문장 대결을 펼쳐 볼까요?

   교통 단속을 담당하는 공공 기관은 경찰서야.
_____

_____

71

어휘랑 놀자 33

초 성 퀴 즈

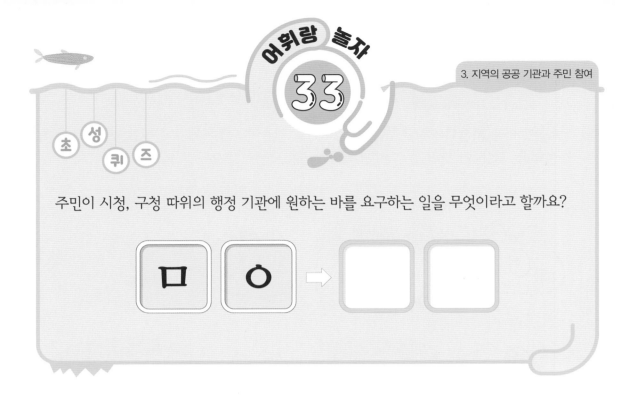

주민이 시청, 구청 따위의 행정 기관에 원하는 바를 요구하는 일을 무엇이라고 할까요?

ㅁ   ㅇ   ➡   ☐   ☐

앞 글자를 알려 줘!

🐾 지역의 위치와 특성에 대해 열심히 공부한 냥냥이들. 그래도 깜빡깜빡 생각나지 않는 어휘들이 있다고 해요. 문장을 완성할 수 있도록 ☐ 안에 들어갈 알맞은 글자를 알려 주세요.

주민들은 불편한 점이나 해결이 필요한 문제가 발생했을 때 ☐원을 제기하여 해결을 요구할 수 있어요.

➡ ☐원

그 외에도 ☐청회나 주민 회의에 ☐여하여 의견을 말할 수 있지요.

⬅ ☐청회
☐여

직접 참여가 어려울 때는 ☐명 운동을 통해 나의 의견을 알릴 수도 있어요.

➡ ☐명

꾸며 주는 말을 찾아라!

🐾 모르냥이 어제 있었던 일을 일기로 썼어요. 빈칸에 어울리는 꾸며 주는 말을 보기 에서 한 번씩만 사용하여 모르냥의 일기를 완성해 주세요.

보기

절대로	드디어	갑자기	아마도

○월 ○일 ○요일 날씨: 맑음

맛있는 저녁을 먹고 쉬고 있는데 □□□ 아빠가 공원 산책을 하자고 하셨다. 가족들이 산책을 가자고 해도 □□□ 안 나가시던 아빠인데 □□□ 운동을 하기로 결심하셨나?

그런데 공원이 많이 어두웠다. 아빠는 공원에 가로등을 더 설치해 달라는 민원을 넣어야겠다고 하셨다. 하지만 깜빡깜빡 잘 잊으시는 우리 아빠, □□□ 일 년은 걸리지 않을까 싶다.

냥냥이와 문장대결

🐾 '민원'이라는 어휘를 넣어 알갓냥과 문장 대결을 펼쳐 볼까요?

지역 주민의 민원이 발생하면 관련 공무원들은 민원을 해결하기 위해 노력해.

_____

_____

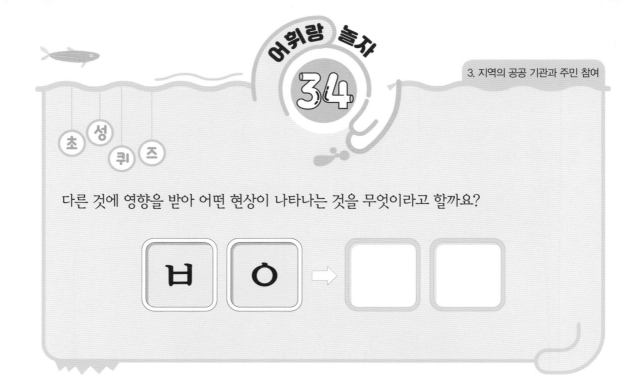

어휘랑 놀자

34

초 성 퀴 즈

다른 것에 영향을 받아 어떤 현상이 나타나는 것을 무엇이라고 할까요?

| ㅂ | ㅇ | → | | |

문장을 완성하라!

🐾 문장 안에서 앞의 말이 살짝 바뀌면 뒤의 말도 마법처럼 따라 바뀌어야 해요. 자연스러운 문장이 되도록 뒤의 말을 바꾸어 볼까요?

(1) 민원실	반영을 하다. 반영이 ( ).
(2) 도르륵 도르륵	연필을 깎다. 연필이 ( ).
(3)	꽃병을 ( ). 꽃병이 ( ).

정답 116쪽

어휘를 활용한 짧은 글쓰기

🐾 냥냥이가 들고 있는 어휘들을 활용하여 짧은 글을 써 볼까요? 주어진 어휘 중 3개 이상을 활용하여 자유로운 형식으로 글을 써 보세요. (일기, 편지 등)

공공 기관   방안   편의   민원   다수결   반영

냥냥이와 문장대결 🐾 '반영'이라는 어휘를 넣어 머라냥과 문장 대결을 펼쳐 볼까요?

 학교에 건의했던 나의 의견이 반영되어 학교 운동장에 쓰레기통이 설치되었어.

어휘랑 놀자
35

어떤 문제를 처리하거나 해결하여 나갈 방법이나 계획을 무엇이라고 할까요?

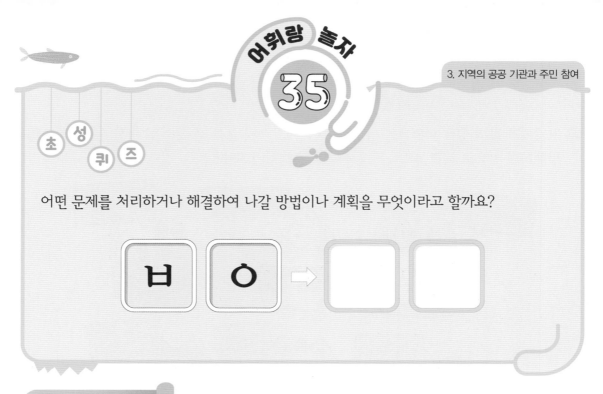

| ㅂ | ㅇ | → | | |

비슷한 말 길 찾기

🐾 어쩌냥이 좋아하는 공이 운동장에 떨어져 있어요. '방안'과 비슷한 말이 적혀 있는 공은 가져갈 수 있대요. 어쩌냥은 몇 개의 공을 가질 수 있나요?

방법 방문 방도 방향 방해 방송 방씩 방금

☐ 개

열기구 색칠하기

🐾 지역 문제가 발생했을 때 해결 방안을 찾는 태도로 바른 내용이 적힌 열기구를 찾아 색칠 하세요.

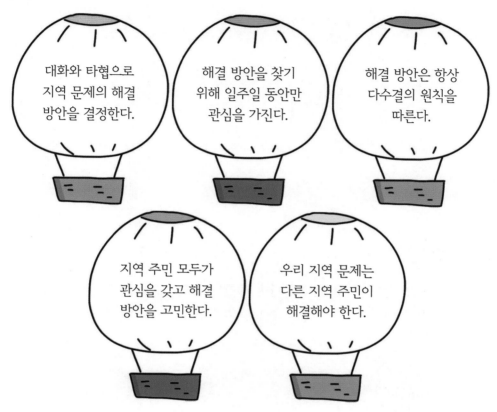

대화와 타협으로 지역 문제의 해결 방안을 결정한다.

해결 방안을 찾기 위해 일주일 동안만 관심을 가진다.

해결 방안은 항상 다수결의 원칙을 따른다.

지역 주민 모두가 관심을 갖고 해결 방안을 고민한다.

우리 지역 문제는 다른 지역 주민이 해결해야 한다.

냥냥이와 문장대결

🐾 '방안'이라는 어휘를 넣어 괜찬냥과 문장 대결을 펼쳐 볼까요?

쉬는 시간에 복도에서 뛰는 친구가 많은데, 좋은 방안이 없을까?

어휘랑 놀자

36

초성퀴즈

증명서 따위의 문서를 발행하여 주는 것을 무엇이라고 할까요?

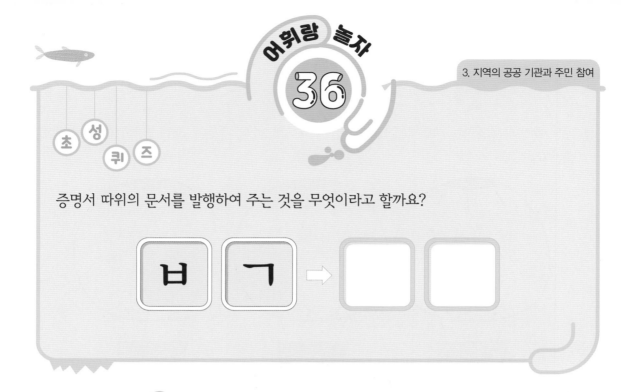

| ㅂ | ㄱ | → | | |

다섯 고개 놀이

🐾 알갓냥이 무엇인가를 발급받아야 한다며 괜찬냥에게 자랑을 하고 있어요. 알갓냥이 발급받으려는 것은 무엇일까요? 다섯 고개를 넘으면 답을 찾을 수 있어요.

한 고개, 처음 발급받을 때는 돈이 들지 않아.
두 고개, 증명사진을 준비해야 해.
세 고개, 행정 복지 센터를 방문해서 발급받아야 해.
네 고개, 18세 생일이 지나면 발급받을 수 있어.
다섯 고개, 대한민국 국민임을 밝히는 증명서라고 할까?

내가 발급받으려는 것은 무엇일까?

뭔지 알겠냐? 훗!

정답

숨은그림찾기

🐾 행정 복지 센터에서는 주민 생활을 돕기 위한 다양한 행정 업무를 처리하고 있어요. 다음의
냥냥이를 찾아보세요.

❶ 주민등록증을 발급받아서 즐거운 냥냥이
❷ 창구에 앉아 서류를 발급받고 있는 냥냥이
❸ 무인 발급기에서 서류를 발급받고 있는 냥냥이

냥냥이와 문장대결

🐾 '발급'이라는 어휘를 넣어 어쩌냥과 문장 대결을 펼쳐 볼까요?

해외 여행을 가기 위해 여권을 발급받았어.

_____

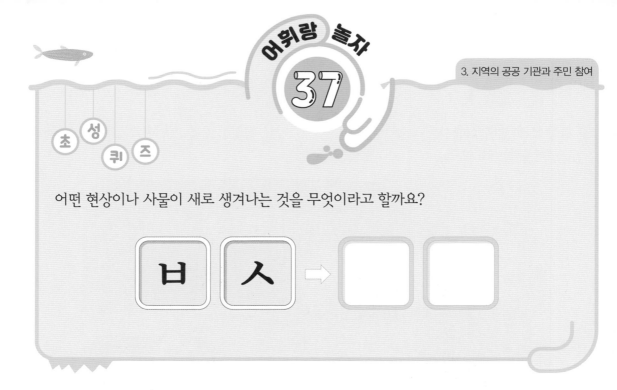

어휘랑 놀자

37

초 성 퀴 즈

어떤 현상이나 사물이 새로 생겨나는 것을 무엇이라고 할까요?

ㅂ ㅅ →

공통 글자 찾기

🐾 모르냥이 생각하는 것에 공통으로 들어가는 글자를 찾아보세요. 그리고 각각의 글자를 합하면 어떤 어휘가 되는지 쓰세요.

예 두 그림의 공통 글자 [과]

(1) 두 그림의 공통 글자 [ ]

(2) 두 그림의 공통 글자 [ ]

정답

80

상황에 맞게 말해요

😺 냥냥이 마을에 다음과 같은 일이 발생했어요. 상황에 맞지 <u>않게</u> 말한 냥냥이에 ○표 하세요.

냥냥이와 문장대결
😺 '발생'이라는 어휘를 넣어 머라냥과 문장 대결을 펼쳐 볼까요?

 공원 주차장에서 자동차 충돌 사고가 발생했어.

어휘랑 놀자 38

초성퀴즈

물건을 사거나 어떤 일을 하는 데 드는 돈을 무엇이라고 할까요?

ㅂ   ㅇ → ☐ ☐

최고의 해결 방안 찾기

🐾 냥냥이들이 매일같이 학교 근처에 쌓이는 쓰레기를 보며 걱정이 많아요. 해결 방안 1~3의 좋은 점과 어려운 점을 비교하여 가장 마음에 드는 방안을 선택하고 그 까닭을 쓰세요.

해결 방안 1	분류배출을 잘해요.	• 좋은 점: 재활용 쓰레기를 구분하여 쓰레기의 양이 줄어든다. • 어려운 점: 분류배출 방법을 잘 모르거나 대충 버리는 사람이 많다.
해결 방안 2	쓰레기 처리 시설을 만들어요.	• 좋은 점: 쓰레기가 쌓이는 것을 막을 수 있다. • 어려운 점: 처리 시설을 만드는 데 비용이 많이 든다.
해결 방안 3	감시 카메라를 설치해요.	• 좋은 점: 사람들이 몰래 버리는 것을 막을 수 있다. • 어려운 점: 비용이 많이 들고, 카메라가 없는 곳에 또 버릴 수 있다.

가장 마음에 드는 방법	까닭:

첫말잇기

끝말잇기 말고 첫말잇기 한번 해 볼까요?

 비용   난,

 제법인걸? 난 **비상**   그렇다면 나는

 음, 이 말이 있지. **비행기**   

냥냥이와 문장대결

'비용'이라는 어휘를 넣어 어쩌냥과 문장 대결을 펼쳐 볼까요?

 이모께서 결혼식 준비 비용이 많이 들었다고 하셨어.

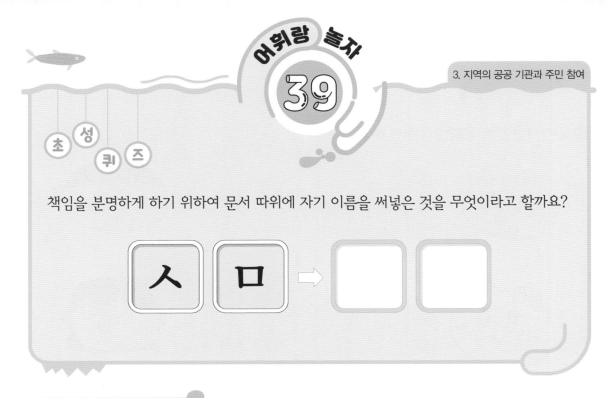

어휘랑 놀자

39

초 성 퀴 즈

책임을 분명하게 하기 위하여 문서 따위에 자기 이름을 써넣은 것을 무엇이라고 할까요?

ㅅ ㅁ →

어울리는 서술어 찾기

🐾 어휘의 뜻을 생각하며 어울리는 서술어를 모두 찾아 선으로 이어 주세요.

(1)

서명을

하다   든다   받다   먹다

(2)
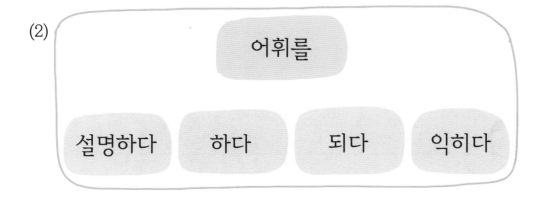

어휘를

설명하다   하다   되다   익히다

호응하는 말을 찾아라!

문장에는 앞에 오는 말과 짝이 되어 뒤따라오는 말들이 있어요. 이것을 호응 관계라고 해요.
냥냥이들이 '동물을 학대하지 말자'는 서명 운동을 벌이고 있는데, 쉽지 않아 보이네요.
앞에 오는 말과 짝이 되는 말을 찾아 ○표 하세요.

동물을 학대하지 말자!

서명

(1)	여러 사람들에게 서명을 받는 것은 **여간**	어려운 일이구나.
		어려운 일이 아니구나.
(2)	서명 운동을 **전혀**	해본 적이 있어.
		해본 적이 없어.
(3)	난 사람들 앞에 나서는 것을 **별로**	좋아하는 편이 아니야.
		좋아하는 편이야.

냥냥이와 문장대결

'서명'이라는 어휘를 넣어 알갓냥과 문장 대결을 펼쳐 볼까요?

중요한 서류에 도장을 찍거나 서명을 해.

어휘랑 놀자
40

초 성 퀴 즈

취미나 연구를 위하여 여러 가지 물건이나 재료를 찾아 모으는 것을 무엇이라고 할까요?

ㅅ ㅈ → □ □

최고의 해결 방안 찾기

냥냥이들에게 지역 문제를 조사해 오라는 과제가 주어졌어요. 냥냥이들이 자료를 수집하는 바른 방법에 ○표 하세요.

(1)

지역 문제가 발생한 곳에 찾아가서 (사진, 도장)을 찍고, 문제점을 (못 본 척, 기록)한다.

(2)

(신문이나 방송, 우리 집 사진첩)에서 지역 문제와 관련된 자료를 찾아본다.

(3)

지역을 잘 아는 (동물, 주민)에게 여쭈어본다.

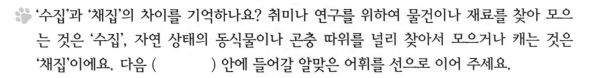

선으로 연결하기

🐾 '수집'과 '채집'의 차이를 기억하나요? 취미나 연구를 위하여 물건이나 재료를 찾아 모으는 것은 '수집', 자연 상태의 동식물이나 곤충 따위를 널리 찾아서 모으거나 캐는 것은 '채집'이에요. 다음 (   ) 안에 들어갈 알맞은 어휘를 선으로 이어 주세요.

(1) 나비 표본을 만들기 위해 전국을 다니며 나비 (   )을/를 하였다.

(2) 우리 아빠의 취미는 우표 (   )이다.

수집

(3) 문화유산 홍보 포스터를 만들기 위해 다양한 자료를 (   )한다.

채집

(4) 엄마가 어렸을 때는 여름방학 숙제로 곤충 (   )을/를 했다.

냥냥이와 문장대결   🐾 '수집'이라는 어휘를 넣어 머라냥과 문장 대결을 펼쳐 볼까요?

경찰은 범인을 잡기 위해 증거를 수집해.
_____

_____

87

어휘랑 놀자

41

초 성 퀴 즈

일이 없어 남는 시간을 무엇이라고 할까요?

| ㅇ | ㄱ | → | | |

어휘의 포함 관계 알기

🐾 우리 주변에는 하나의 큰 개념 속에 포함되는 작은 개념들이 있어요. 냥냥이들이 포함 관계가 조금 헷갈리나 봐요. 다음 중 포함되는 어휘가 <u>아닌</u> 것을 모두 찾아 △표 하세요.

여가 생활	독서 영화 관람 회사일 자전거타기 캠핑 학교 공부
지도	관광 안내도 버스 노선도 가족사진 길 도우미 그림일기
공공 기관	보건소 경찰서 백화점 시청 놀이공원 도서관
과일	사과 포도 사탕 감 오이 바나나 치킨

숫자 퍼즐

🐾 주어진 숫자에 알맞은 색을 칠하여 숨어 있는 어휘를 찾아보세요.

3	3	3	3	3	3	3	3	3	3	3	3	3	3
3	3	1	3	3	1	3	4	4	4	3	4	3	3
3	1	3	1	1	1	3	3	3	4	3	4	3	3
3	1	3	1	3	1	3	3	3	4	3	4	4	3
3	1	3	1	1	1	3	3	3	4	3	4	3	3
3	3	1	3	3	1	3	3	4	3	3	4	3	3
3	3	3	3	3	3	3	3	3	3	3	3	3	3
3	2	2	2	3	2	2	2	3	2	2	2	3	2
2	2	3	2	2	2	3	2	2	2	3	2	2	2

1: 초록, 2: 하늘, 3: 노랑, 4: 빨강

정답:

냥냥이와 문장대결 🐾 '여가'라는 어휘를 넣어 예쁘냥과 문장 대결을 펼쳐 볼까요?

나는 여가를 활용해 좋아하는 가수의 음악을 들어.

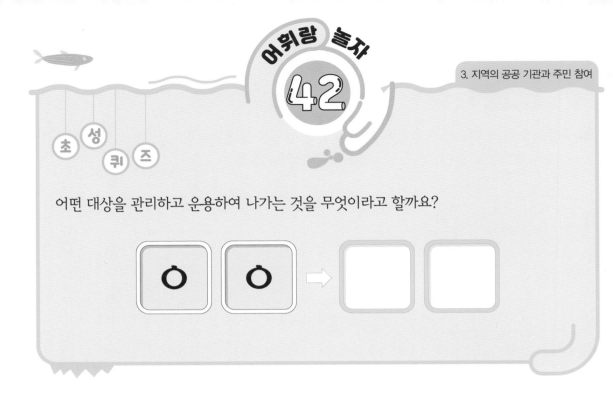

초 성 퀴 즈

어떤 대상을 관리하고 운용하여 나가는 것을 무엇이라고 할까요?

ㅇ ㅇ → ☐ ☐

'리' 자로 끝나는 말은?

"리 리 리 자로 끝나는 말은, 개나리 보따리 대사리 소쿠리 유리 항아리~" 우리 친구들은 '영' 자로 끝나는 말을 찾아볼까요?

최영

고려 말기의 장군

상영

운영

자영

사업 따위를 스스로 경영함(자영업)

유영

물속에서 헤엄치며 놂

체험 활동을 운영해요

🐾 냥냥이들이 각각의 공공 기관에서 일하게 되었어요. 냥냥이 중 한 마리를 선택하고, 선택한 냥냥이가 운영하면 좋을 체험 활동 운영 계획을 세워 보세요.

(1) 선택한 냥냥이: (　　　　　　　　　)

(2) 운영하면 좋을 체험 활동: _____

냥냥이와 문장대결　🐾 '운영'이라는 어휘를 넣어 괜찮냥과 문장 대결을 펼쳐 볼까요?

 우리 삼촌은 학교 앞에서 문구점을 운영하셔.
_____

_____

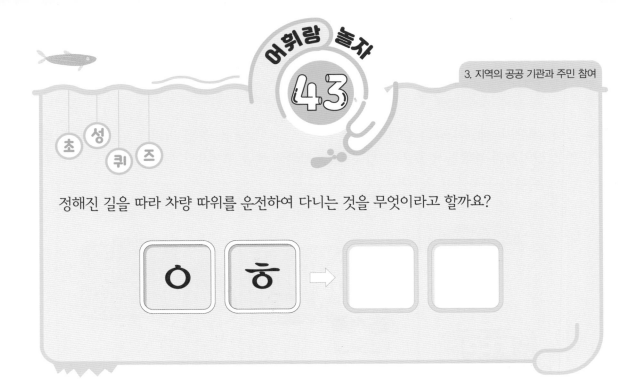

어휘랑 놀자

43

초성 퀴즈

정해진 길을 따라 차량 따위를 운전하여 다니는 것을 무엇이라고 할까요?

ㅇ ㅎ →

초성 퀴즈

□ 안에 제시된 초성을 참고하여 그림 속 상황을 문장으로 완성해 보세요. (단, 두 개의 정답은 같지 않아요.)

(1)

기차가 시간에 맞게 ㅇ ㅎ 되고 있다.

정답:

(2)

태풍이 심해 비행기 ㅇ ㅎ 이 중단되었다.

정답:

시인처럼 비유하여 표현하기

🐾 트럭, 비행기, 배, 버스와 같은 교통수단은 모두 운행 방법이 달라요. 각 운행 방법의 특징을 생각하며 비유하는 말을 써서 문장을 완성해 보세요. 시인이 따로 있나요? 비유할 줄 아는 우리 친구들이 모두 시인이에요.

보기

트럭은 <u>천하장사</u> 처럼 힘이
세서 많은 물건을 실을 수 있다.

(1)

비행기는 _____ 처럼
빠르게 난다.

(2)

배는 _____ 처럼
바다를 여행한다.

(3)

길이 꽉 막혀서 버스가
_____ 처럼 느리게 간다.

냥냥이와 문장대결 🐾 '운행'이라는 어휘를 넣어 어쩌냥과 문장 대결을 펼쳐 볼까요?

눈이 많이 내려 버스 운행이 중단되었어.

_____

_____

어휘랑 놀자 44

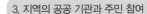

초성 퀴즈

정치적인 목적을 실현하거나 사회적인 문제를 해결하기 위하여 취하는 방침이나 수단을 무엇이라고 할까요?

ㅈ ㅊ →

길 찾기

🐾 냥냥이들이 수영장에 가려고 해요. 수영장을 잘 찾아갈 수 있도록 도와주세요.

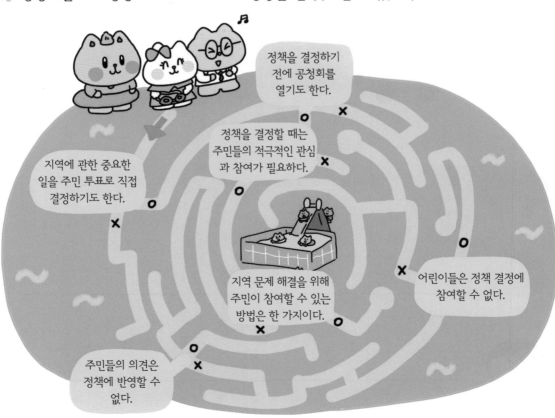

정책을 결정하기 전에 공청회를 열기도 한다.

정책을 결정할 때는 주민들의 적극적인 관심과 참여가 필요하다.

지역에 관한 중요한 일을 주민 투표로 직접 결정하기도 한다.

지역 문제 해결을 위해 주민이 참여할 수 있는 방법은 한 가지이다.

어린이들은 정책 결정에 참여할 수 없다.

주민들의 의견은 정책에 반영할 수 없다.

좌표를 읽어라

🐾 좌표를 따라가면 원하는 글자를 찾을 수 있어요. 주어진 좌표를 읽고 찾는 어휘를 찾아 쓰세요.

좌표(가, 3)은 '장'을 나타내요.

좌표	가	나	다	라	마
1	거	전	발	자	쇄
2	화	역	정	손	문
3	장	영	놀	급	타
4	어	쩌	냥	책	운
5	달	동	국	관	안

① 자기 나라의 이익을 지키기 위하여 다른 나라와 교역을 금지하는 정책을 좌표 (마, 1) (다, 5) (다, 2) (라, 4)이라고 한다.

② 머라냥이 선물로 받고 싶어하는 것은 좌표 (마, 4) (나, 5) (가, 2)이다.

냥냥이와 문장대결 🐾 '정책'이라는 어휘를 넣어 모르냥과 문장 대결을 펼쳐 볼까요?

국민의 의견을 반영하여 정책을 결정해야 해.

어휘랑 놀자 45

초 성 퀴 즈

어떤 안이나 의견을 내어놓는 것을 무엇이라고 할까요?

ㅈ ㅇ →

적절한 어휘 찾기

🐾 냥냥이의 마음을 콕 찝어 표현해 줄 수 있는 어휘는 무엇일까요? 다음 중 적절한 어휘를 찾아 ○표 하세요.

괜찬냥과 놀러 가고 싶어.

(1) 괜찬냥에게 놀이공원에 함께 가자고 (제안, 조정)하고 싶다.

친구들이 다투고 있으니 마음이 불편해.

(2) 어쩌냥과 모르냥이 화해할 수 있도록 내가 중간에서 (제안, 조정)해야겠어.

맨 끝으로 보내면?

🐾 끝말잇기를 한 단계 높여 볼까요? "학교의 '학'을 맨 끝으로 보내면 수~학". 이 놀이 알고 있나요? 그럼 냥냥이들과 함께 해봐요.

개미의 '개'를 맨 끝으로 보내면 **안개**	안개의 '안'을 맨 끝으로 보내면 ( )안
제안의 '제'를 맨 끝으로 보내면 **지역 문제**	지역 문제의 '지'를 맨 끝으로 보내면 ( )지
( )의 ( )을/를 맨 끝으로 보내면 ( )	( )의 ( )을/를 맨 끝으로 보내면 ( )

냥냥이와 문장대결 🐾 '제안'이라는 어휘를 넣어 괜찬냥과 문장 대결을 펼쳐 볼까요?

 학급 회의 시간에 친구들이 다양한 의견을 제안했어.

_____

어휘랑 놀자 46

초성퀴즈

지역 내에서 주민의 생활을 불편하게 하거나 주민들 사이에 갈등을 일으키는 문제를 무엇이라고 할까요?

ㅈ ㅇ ㅁ ㅈ → ☐ ☐ ☐ ☐

'네, 아니요'로 답해요

🐾 다음 설명이 맞으면 '네', 틀리면 '아니요'에 있는 글자에 ○표 하여 괜찮냥이 찾는 말을 완성하세요.

	네	아니요
공공 기관은 지역 주민 전체의 이익을 위한 곳이다.	지	공
공공 기관은 국가나 지방 자치 단체가 세우거나 관리한다.	역	공
공공 기관은 돈을 벌기 위해 만들어진 곳이다.	기	문
지역 문제로 주민 사이에 갈등이 일어날 수 있다.	제	관
지역 문제는 환경 관련 문제만 있다.	대	주
지역 문제는 시청에서 일하는 사람들만 해결할 수 있다.	화	민
지역 문제는 주민 모두의 적극적인 참여가 필요하다.	참	타
문제를 해결할 때는 대화와 타협의 자세가 중요하다.	여	협

 ☐☐☐☐ 는 ☐☐☐ 로 해결해요.

어휘의 관계

🐾 '지역 문제'라는 어휘는 '지역'과 '문제'라는 어휘가 합쳐져 만들어진 어휘예요. 다음에서 이렇듯 서로 다른 뜻을 가진 어휘가 합쳐져 만들어진 어휘를 찾아 ○표 하세요.

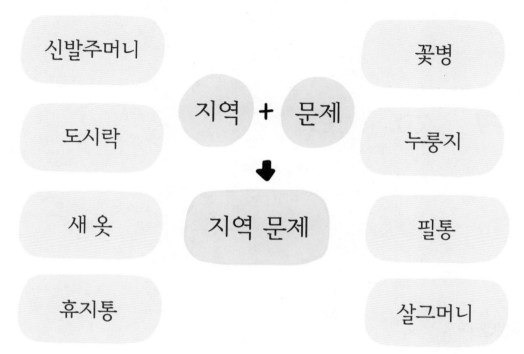

신발주머니

도시락

새 옷

휴지통

지역 + 문제

⬇

지역 문제

꽃병

누룽지

필통

살그머니

냥냥이와 문장대결 🐾 '지역 문제'라는 어휘를 넣어 알갓냥과 문장 대결을 펼쳐 볼까요?

 우리 지역의 교통 혼잡은 해결해야 할 지역 문제 중 하나야.

_____

_____

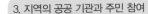
어휘랑 놀자

47

초 성 퀴 즈

사회·정치적 목적 따위를 위하여 조직적이고도 지속적으로 행하는 운동을 무엇이라고 할까요?

| ㅋ | ㅍ | ㅇ | → | | | |

무엇일까요?

🐾 모르냥의 설명을 듣고, 모르냥이 참여한 캠페인이 무엇인지 쓰세요.

하나, 안전한 학교 생활을 위한 캠페인이다.

둘, 나를 보호하고 친구를 보호할 수 있는 일이다.

셋, "안돼, 멈춰."라고 말할 수 있는 용기가 필요하다.

넷, 사이버 폭력도 ○○ ○○이라는 것을 알렸다.

다섯, '○○ ○○ 없는 행복한 학교를 만들어요!'라는 문구를 외치고 다녔다.

모르냥이 참여한 캠페인은

예방 캠페인이다.

알맞은 행동을 하는 사람을 찾아라

🐾 '에너지 절약' 캠페인을 하고 있는 냥냥이 4마리를 찾아 ○표 하세요.

냥냥이와 문장대결 🐾 '캠페인'이라는 어휘를 넣어 예쁘냥과 문장 대결을 펼쳐 볼까요?

 뉴스에서 환경 보호 캠페인을 벌이는 모습을 봤어.

어휘랑 놀자 48

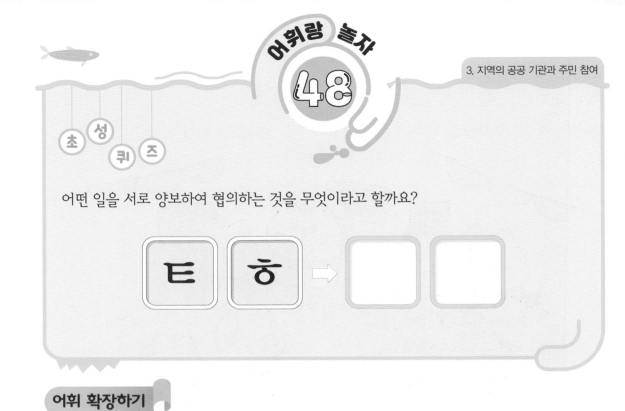

초 성 퀴 즈

어떤 일을 서로 양보하여 협의하는 것을 무엇이라고 할까요?

ㅌ ㅎ → ☐ ☐

어휘 확장하기

🐾 '타협'과 관련된 어휘를 연결해 보고, 생각나는 어휘도 추가하여 멋진 문장을 만들어 보세요.

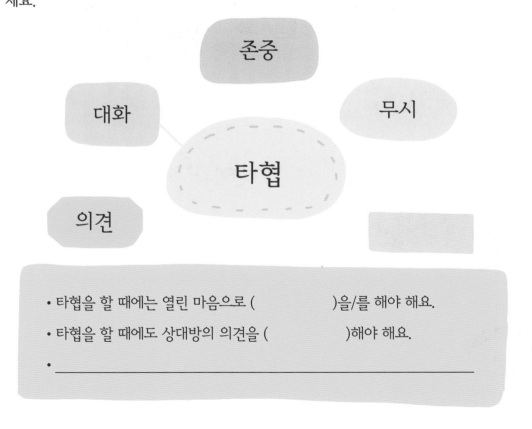

존중

대화   무시

타협

의견

• 타협을 할 때에는 열린 마음으로 (   )을/를 해야 해요.

• 타협을 할 때에도 상대방의 의견을 (   )해야 해요.

• _____

뒷글자를 알려 줘!

지역의 공공 기관과 주민 참여에 대해 열심히 공부한 냥냥이들. 그래도 깜빡깜빡 생각나지 않는 어휘들이 있다고 해요. 문장을 완성할 수 있도록 □ 안에 들어갈 알맞은 글자를 알려 주세요.

(1)
서로 의견이 달라 갈등이 생길 때는
대□와/과 타□(으)로 의견을 조정해요.

대□
타□

(2)
의견을 하나로 모을 때는 투□을/를
하여 다□□의 원칙을 따르기도 해요.

투□
다□□

냥냥이와 문장대결
'타협'이라는 어휘를 넣어 알갓냥과 문장 대결을 펼쳐 볼까요?

서로 생각이 다를 때는 타협하여 의견을 결정해야 해.

초 성 퀴 즈

생활하거나 일하는 데 있어서 형편이나 조건 따위가 편하고 좋은 것을 무엇이라고 할까요?

ㅍ ㅇ →

공통 어휘 찾기

🐾 '편의'와 '편리'. 같은 듯 다른 두 어휘를 기억하나요? 다음 (   ) 안에 공통으로 들어갈 어휘가 편의인지, 편리인지 구분하여 쓰세요.

(1)
- 우리 동네 유명 식당은 손님들의 (   )을/를 위해 주차장을 넓혔다.
- 버스가 부족하여 불편을 겪고 있는 지역 주민들의 (   )을/를 위해 버스 운행을 늘려야 한다.
- 지하철역은 노약자와 장애인을 위한 (   ) 시설이 설치되어 있다.

(2)
- 교통 시설이 발달하여 여행하기가 (   )해졌다.
- 스마트폰은 (   )하기 때문에 대부분의 사람들이 가지고 다닌다.
- 옷장이 잘 정리되어 있으면 옷을 찾아 꺼내입기가 (   )하다.

끝말잇기

냥냥이들이 끝말잇기 게임을 하고 있어요. 중간에 빠진 글자를 찾아볼까요?

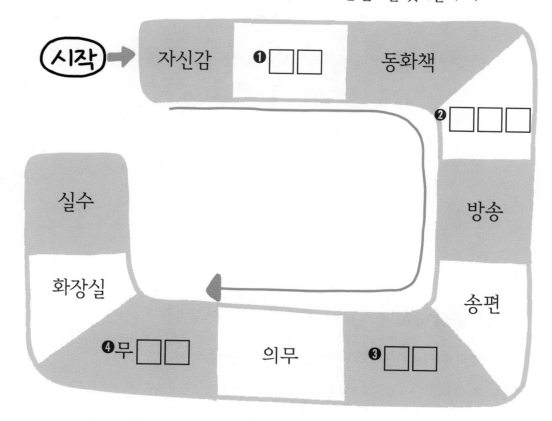

시작 ➡ 자신감   ❶ □□   동화책

❷ □□□

실수

방송

화장실

송편

❹무□□   의무   ❸□□

냥냥이와 문장대결

🐾 '편의'라는 어휘를 넣어 모르냥과 문장 대결을 펼쳐 볼까요?

공공 기관은 주민들의 편의를 위해 세워진 곳이야.

_____

어휘랑 놀자 50

초 성 퀴 즈

특정한 목적을 달성하기 위하여 서로 힘을 합하여 돕는 것을 무엇이라고 할까요?

| ㅎ | ㄹ | → | | |

우리의 속담을 찾아서

🐾 다음 중 협력과 어울리는 속담이 <u>아닌</u> 것에 ×표 하세요.

백지장도 맞들면 낫다.

믿는 도끼에 발등 찍힌다.

개미가 절구통을 물어간다.

열에 한 술 밥이 한 그릇 푼푼하다.

냥냥이와 빙고 대결, 고고고!

🐾 3단원 공부가 모두 끝났어요. 3단원에서 익힌 어휘로 빙고놀이를 해 볼까요? 28개의 어휘 중 25개를 골라 가족과 함께 빙고놀이를 해 보세요.

3단원 어휘

갈등, 강화, 건의, 검토, 공공 기관, 공익, 공청회, 노후화, 다수결, 단속, 민원, 반영, 방안, 발급, 발생, 비용, 서명, 수집, 여가, 운영, 운행, 정책, 제안, 지역 문제, 캠페인, 타협, 편의, 협력

냥냥이와 문장대결 🐾 '협력'이라는 어휘를 넣어 괜찬냥과 문장 대결을 펼쳐 볼까요?

 지역의 발전을 위하여 서로 다른 지역과 협력하여 일하기도 해.

107

초성 퀴즈 | 정확한 답 1개만 정답이 될 수 있어요!

활동 퀴즈 | '정답'을 묻는 문제라면 정확한 답인지 확인하고요, '예시'를 찾는 문제라면 조건에 맞는지 확인하세요.

문장 대결 | 어휘가 문맥에 어울리는지, 위에 나온 예시 문장과 다른 점이 있는지, 문장의 형태를 갖추었는지 확인하세요.

01 기호   8쪽

초성 퀴즈
기호

지도 읽기
(1) ◎ : 구청, ✚ : 병원

(2)

(3) 7

기호 만들기
예) ㅠ(폭포): 물이 위에서 아래로 떨어지는 모양을 본떠서

ʗ ϱ(도서관): 책을 펼쳐 놓은 모습과 비슷해서

문장 대결
예) 지도는 약속된 기호를 사용하여 나타내.

02 노선도   10쪽

초성 퀴즈
노선도

깜빡한 어휘를 찾아라

알갓냥의 집을 찾아라

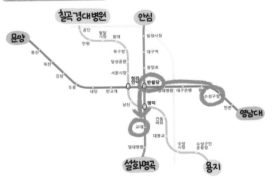

(순서대로) 2, 반월당, 설화명곡, 1

문장 대결
예) 지하철 노선도를 보고 친척 집을 찾아갈 수 있어.

03 등고선   12쪽

초성 퀴즈
등고선

삼행시 완성하기
예) 등: 등고선이 무엇인지 헷갈릴 때,

고: 고민하지 말고

선: 선을 기억해. 땅의 높낮이를 나타낸 선!

등고선 그리기

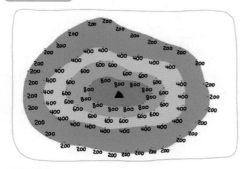

문장 대결

㉠ 땅의 높낮이는 등고선 말고 색깔로도 나타낼 수 있어.

04 방위 14쪽

초성 퀴즈

방위

방위 알아보기

병원, 식당, 남(쪽), 아파트, 4(마리)-어쩌냥, 괜찮냥, 머라냥, 알갓냥

보물찾기

물고기

문장 대결

㉠ 대부분의 지도에는 방위를 나타내는 방위표가 있지.

05 산업 16쪽

초성 퀴즈

산업

나무 다리 건너기

산업은 인간의 생활에 필요한 물건 따위를 생산하는 일을 말한다.

회사나 공장에서 일하려고 산업의 중심지에 모인다.

사람들이 문화유산, 아름다운 풍경을 보기 위해 모이는 곳이 산업의 중심지이다.

구미와 포항시에는 산업 단지가 형성되어 있다.

산업과 상업은 같은 말이다.

산업의 중심지에는 회사나 공장이 많이 있다.

벌집 모양 끝말잇기

㉠

여우, 우산, 동산, 산업, 업적, 업무, 업로드, 적당, 당황, 황제, 황금

문장 대결

㉠ 공장과 회사에서 일하기 위해 사람들이 모이는 곳을 산업의 중심지라고 해.

06 상점 18쪽

초성 퀴즈

상점

꾸며 주는 말을 찾아라!

(1) 바로 (2) 무려 (3) 매우 (4) 아예

시장에 가면 놀이

㉠ 필통, 가위, 물감

문장 대결

㉠ 우리 집 근처에도 상점이 많이 있어.

07 중심지 20쪽

초성 퀴즈

중심지

현관문을 열어라!

1	2	3
4	5	6
7	8	9
*	0	#

알맞은 중심지를 찾아라

(1) 상업 (2) 산업 (3) 교통 (4) 행정

문장 대결

㉠ 생일 선물을 사기 위해 상업의 중심지에 다녀왔어.

08 지도 22쪽

초성 퀴즈

지도

깜빡한 어휘 찾기

축척

필요한 지도 찾기

(순서대로) ㉠, ㉡

문장 대결

🖊 여행을 가기 전에 지도를 살펴보면 도움이 많이 돼.

09 항공 사진 24쪽

초성 퀴즈

항공 사진

숫자 퍼즐

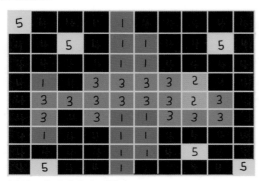

(밤하늘에 날아가는) 비행기

선으로 연결하기

문장 대결

🖊 항공 사진은 항공기에서 내려다본 모습을 찍은 사진이야.

10 행정 26쪽

초성 퀴즈

행정

알맞은 장소를 찾아라

말판놀이

→ 출발	○	방위	등고선	앞으로 3칸	×
기호					뒤로 3칸
중심지					×
지도					처음으로
앞으로 2칸	한 번 쉬어요.	범례	뒤로 1칸	축척	행정의 중심지

문장 대결

🖊 행정의 중심지에는 시청, 도청, 교육청 같은 곳이 있어.

11 화폐 28쪽

초성 퀴즈

화폐

선으로 연결하기

노래 가사 바꾸기

🖊 퇴계 이황 천 원 만 원은 세종대왕 /

우리나라 화폐에는 누가 또 있을까

율곡 이이 오천 원 신사임당 오만 원 엄마와 아-들

문장 대결

🖊 우리나라 화폐에는 다양한 역사적 인물이 그려져 있어.

12 가상　30쪽

초성 퀴즈

가상

보물찾기

어쩌냥

적절한 어휘 찾기

(1) 무지개처럼

(2) 체험하게 된다면

(3) 가상의 세계였지만

문장 대결

⑩ 미래의 학교 생활을 가상 체험해 보고 싶어.

13 건설　32쪽

초성 퀴즈

건설

좌표를 읽어라

① 고속철도　② 모르냥

흉내 내는 말을 활용하라

(1) (투덜투덜)　(2) 아슬아슬　(3) 빈둥빈둥　(4) 철퍼덕

문장 대결

⑩ 건설 현장에서 '안전 제일'이라는 말이 쓰여 있는 것을 많이 보았어.

14 견학　34쪽

초성 퀴즈

견학

개념 이해하기

견학은 누리집 검색을 통하여 조사를 하는 활동이다. (　)

견학 전에 견학을 해도 되는지 미리 확인한다. (◯)

견학은 허락을 받은 일이므로 마음대로 돌아다닌다. (　)

설명을 들을 때에는 떠들지 않고 집중하여 듣는다. (◯)

견학 장소의 다양한 시설을 자유롭게 만져 본다. (　)

견학 후에는 알게 된 점, 느낀 점 따위를 견학 보고서로 정리한다. (◯)

임무를 수행하라

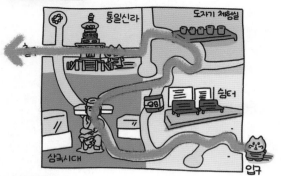

문장 대결

⑩ 가족과 함께 박물관 견학을 다녀왔어.

15 관람　36쪽

초성 퀴즈

관람

끝말잇기로 어휘 찾기

머라냥이 찾는 어휘는?

❶	❷	❸	❹
관	람	예	절

스도쿠 완성하기

박물관 관람	영화 관람	연극 관람	운동 경기 관람
운동 경기 관람	연극 관람	영화 관람	박물관 관람
연극 관람	운동 경기 관람	박물관 관람	영화 관람
영화 관람	박물관 관람	운동 경기 관람	연극 관람

문장 대결

⑩ 주말에 가족과 함께 영화 관람을 할 예정이야.

16 구성   38쪽

초성 퀴즈

구성

어휘의 활용 알기

알갓냥

구성이 멋진 작품을 골라라

예 ㄴ, 제목은 맨 위 가운데에 크게 쓰고, 사진도 조금 크게 넣는다. 그리고 설명은 중요한 내용만 간략하게 넣는다.

문장 대결

예 모둠 신문을 만들었는데, 우리 모둠의 구성이 가장 좋다고 선생님께 칭찬받았어.

17 문구   40쪽

초성 퀴즈

문구

나도 카피라이터

예 (1) 당신이 버린 쓰레기는 아닙니까?
(2) 누가 먼저가 아니라 내가 먼저 잠가요!

초성 퀴즈

예 미국, 물감, 물건, 무기, 무게, 망고, 모기, 매기 등

문장 대결

예 '자나 깨나 불조심'이라는 불조심 문구가 생각나.

18 복원   42쪽

초성 퀴즈

복원

문장 완성하기

(1) 복원되다   (2) 찍히다   (3) (순서대로) 꺾다, 꺾이다

서약서 쓰기

예 둘째, 문화유산이 있는 곳에 쓰레기를 버리지 않겠습니다.
셋째, 우리 지역에 있는 문화유산에 관심을 갖겠습니다.

문장 대결

예 우리나라 문화유산 중에는 복원된 것도 많이 있어.

19 업적   44쪽

초성 퀴즈

업적

어휘 확장하기

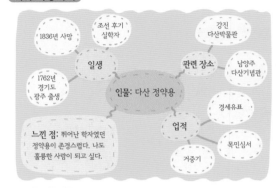

난 누구일까요?

(단원) 김홍도

문장 대결

예 정조대왕의 가장 큰 업적은 수원 화성 건축이라고 생각해.

20 존경   46쪽

초성 퀴즈

존경

십자말풀이

선으로 연결하기

문장 대결

예 나는 우리 글이 없어서 힘들었던 백성을 위해 한글을 만드신 세종대왕을 존경해.

21 창설 48쪽

초성 퀴즈

창설

스마트폰의 비밀번호를 풀어라

2648

비슷한 말 찾기

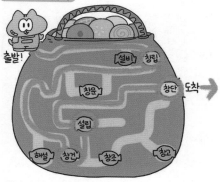

창립, 창건, 설립, 창단

문장 대결

㉒ 대한민국 임시정부는 광복군을 창설하여 독립에 힘썼어.

22 토의 50쪽

초성 퀴즈

토의

어휘 퍼즐

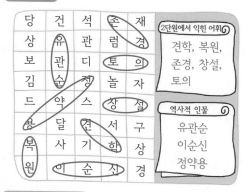

카드 뒤집기 놀이

생략

문장 대결

㉒ 학급 회의 시간에 교실을 깨끗이 할 수 있는 방법에 대해 토의했어.

23 갈등 52쪽

초성 퀴즈

갈등

해결사가 되어라

㉒ 실력이 부족한 친구도 하고 싶어서 그런 것이니 하루에 한 번 정도는 함께 놀이를 하고, 그 이후에는 다른 친구들과 놀이를 하겠다고 말한다.

갈등 상황을 찾아라

• 갈등이 생긴 까닭: ㉒ 쓰레기를 함부로 버려서 화단이 더러워졌기 때문이다.
• 갈등 해결 방안: ㉒ 쓰레기를 버리지 않도록 문구를 써서 붙이고, cctv를 설치해달라고 시청에 요구한다.

문장 대결

㉒ 학교에서는 친구들 사이에 갈등이 자주 발생해.

24 강화 54쪽

초성 퀴즈

강화

강화하고 싶은 것을 찾아라

㉒ 강화하고 싶은 것: 발표 실력 / 까닭: 친구들 앞에 서는 것이 부끄러워 발표를 잘 안 하는데 더 잘하고 싶기 때문이다.

약화하고 싶은 것: 편식 습관 / 까닭: 골고루 먹어야 건강하기 때문에 편식하는 모습을 줄이고 싶기 때문이다.

반대말 찾기

(1) 약화 (2) 위험

문장 대결

㉒ 특히 학교 앞 어린이 보호구역에서 빨리 달리는 차들의 단속을 강화할 필요가 있어.

25 건의 56쪽

초성 퀴즈
건의

편지를 쓴 까닭 찾기
예 일주일에 세 번 이상 참치 통조림을 먹으면 (어떨까요?)

건의함을 만들어요
예 만들고 싶은 건의함:

학교에 건의하고 싶은 일: 학교 운동장에 쓰레기통을 설치해 주세요.

건의하고 싶은 까닭: 운동장에서 간식을 먹고 쓰레기를 버릴 곳이 없어서 그냥 바닥에 버리는 친구들이 많아 운동장이 더러워지기 때문이다.

문장 대결
예 부모님께 일주일에 한 번씩은 밖에서 맛있는 것을 사 먹자고 건의했어.

26 검토 58쪽

초성 퀴즈
검토

실수한 냥냥이는?

적절하지 않은 어휘 고치기
제목 → 제출, 검증 → 검토

문장 대결
예 우리 부모님도 내가 건의한 것을 검토해 주셨으면 좋겠어.

27 공공 기관 60쪽

초성 퀴즈
공공 기관

숨은그림찾기

어휘 퍼즐

소	카	놀	라	유	고	청	시
건	냥	찬	괜	자	영	화	관
보	라	디	오	백	화	점	냥
숍	피	커	놀	이	공	원	뽀
드	레	스	머	라	냥	달	예
용	달	경	찰	서	하	지	만

공공 기관: 보건소, 시청, 경찰서
냥냥이 이름: 괜찬냥, 예뽀냥, 머라냥

문장 대결
예 지역마다 다양한 공공 기관이 있어.

28 공익 62쪽

초성 퀴즈
공익

초성 퀴즈
예 과일, 겨울, 기억, 가을, 공원, 거울, 국어, 걸음 등

말풍선을 완성하라!
예 (1) 담벼락이 무너지면 사람들이 위험하잖아. 모두의 안전을 위해 신고하는 거야.
(2) 함께 이용하는 곳인데 깨끗해야지.

문장 대결
예 나의 개인적인 이익보다 공익을 먼저 생각할 줄 아는 사람이 되고 싶어.

공청회 **64쪽**

초성 퀴즈

공청회

사다리 완성하기

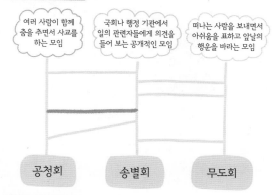

여러 사람이 함께 춤을 추면서 사교를 하는 모임	국회나 행정 기관에서 일의 관련자들에게 의견을 들어 보는 공개적인 모임	떠나는 사람을 보내면서 아쉬움을 표하고 앞날의 행운을 바라는 모임
공청회	송별회	무도회

계단 어휘 찾기

남자여가 따지지 말고 적극적으로!

참 중요한 일이야.

지역 주민이 면한 번쯤 참여해 보면 좋아.

이런 곳은 자주 와야지.

주민 참여

문장 대결

㉮ 공청회에 가 본 적은 없지만, 기회가 되면 꼭 참여해 보고 싶어.

---

30 노후화 **66쪽**

초성 퀴즈

노후화

뜻을 더하는 말 - 화

(2) 도시 + 화 = 도시화

(3) 세계 + 화 = 세계화

(4) 자동 + 화 = 자동화, 기계 + 화 = 기계화, 초토 + 화 = 초토화 등

글자 조합

노후화

문장 대결

㉮ 노후화된 건물은 위험해.

---

31 다수결 **68쪽**

초성 퀴즈

다수결

삼행시 완성하기

㉮ 다: 다수의 의견을 따르는 것이 다수결이에요.

수: 수가 많은 것을 다수라고 하죠.

결: 결정을 하기 힘들 때 많이 사용하는 방법이에요.

십자말풀이

		❶해				❹공	익
❷다	❸수	결			❺성	공	
	집		❼타	❽협		기	
				력		❾관	람

문장 대결

㉮ 선생님께서도 결정이 어려울 땐 다수결로 정하자며 손을 들어보라고 하실 때가 있어.

---

32 단속 **70쪽**

초성 퀴즈

단속

바꾸어 쓸 수 있는 말은?

9개(매우, 굉장히, 대단히, 엄청, 더없이, 무척, 상당히, 몹시, 너무)

알맞게 사용한 냥냥이는?

모르냥

문장 대결

㉮ 학교 정문 앞에는 속도를 단속하는 카메라가 설치되어 있어.

---

33 민원 **72쪽**

초성 퀴즈

민원

앞 글자를 알려 줘!

민(원) / 공(청회), 참(여) / 서(명)

꾸며 주는 말을 찾아라!

(순서대로) 갑자기, 절대로, 드디어, 아마도

문장 대결

예 지역 문제가 발생했을 때는 해결해 달라는 민원을 제기
할 수 있어.

34 반영 74쪽

초성 퀴즈

반영

문장을 완성하라!

(1) 되다 (2) 깎이다 (3) (순서대로) 깨다, 깨지다

어휘를 활용한 짧은 글쓰기

예 집 앞 가로등에 불이 들어오지 않아 밤에 너무 캄캄했다.
어머니께서 공공 기관인 시청에 민원 전화를 하셨다. 몇 일
후 보니 가로등이 환하게 빛나고 있었다. 어머니의 의견이
반영된 모양이다.

문장 대결

예 우리 집은 일주일에 한 번 외식하자는 내 의견이 반영되
지 않았어.

35 방안 76쪽

초성 퀴즈

방안

비슷한 말 길 찾기

3 개

열기구 색칠하기

대화와 타협으로 지역 문제의 해결 방안을 결정한다.

해결 방안을 찾기 위해 일주일 동안만 관심을 가진다.

해결 방안은 항상 다수결의 원칙을 따른다.

지역 주민 모두가 관심을 갖고 해결 방안을 고민한다.

우리 지역 문제는 다른 지역 주민이 해결해야 한다.

문장 대결

예 친구에게 장난을 심하게 하는 친구들도 많은데, 해결 방안
이 있었으면 좋겠어.

36 발급 78쪽

초성 퀴즈

발급

다섯 고개 놀이

주민등록증

숨은그림찾기

문장 대결

예 여권을 발급받기 위해 시청에 다녀왔어.

37 발생 80쪽

초성 퀴즈

발생

공통 글자 찾기

(1) 발 (2) 생 / 발생

상황에 맞게 말해요

어쩌냥

문장 대결

예 여름이면 태풍이 발생해서 어려움을 겪는 사람들이 생기기도 해.

38 비용 82쪽

초성 퀴즈

비용

최고의 해결 방안 찾기

예 1(분류배출을 잘해요.) / 비용이 들지 않고 사람들이 적극적으로 참여하면 깨끗한 환경을 만들 수 있기 때문이다.

첫말잇기

예 비옷, 비빔밥, 비닐, 비타민 등

문장 대결

예 제주도로 가족 여행을 가려고 하는데 비용이 만만치 않게 들어.

39 서명 84쪽

초성 퀴즈

서명

어울리는 서술어 찾기

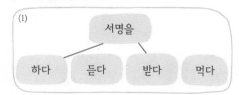

호응하는 말을 찾아라!

(1) 어려운 일이 아니구나. (2) 해본 적이 없어.
(3) 좋아하는 편이 아니야.

문장 대결

예 학년이 시작될 때는 여러 가지 동의서에 부모님의 서명을 받아야 해.

40 수집 86쪽

초성 퀴즈

수집

최고의 해결 방안 찾기

(1) 사진, 기록 (2) 신문이나 방송 (3) 주민

선으로 연결하기

문장 대결

예 문화유산 소개 자료를 멋지게 만들고 싶어서 다양한 자료를 수집했어.

41 여가 88쪽

초성 퀴즈

여가

어휘의 포함 관계 알기

여가 생활: 회사일, 학교 공부
지도: 가족사진, 그림일기
공공 기관: 백화점, 놀이공원
과일: 사탕, 오이, 치킨

숫자 퍼즐

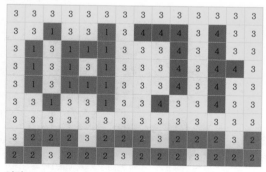

여가

문장 대결

예 우리 가족은 함께 보드게임을 하며 여가를 즐기곤 해.

42 운영 90쪽

초성 퀴즈

운영

'리' 자로 끝나는 말은?

㉘ 수영, 환영, 야영, 반영, 촬영, 경영, 음영, 번영 등

체험 활동을 운영해요

㉘ (1) 머라냥

(2) 경찰차 타보기 체험, 경찰복 입어보기 체험 등

문장 대결

㉘ 나는 커서 맛있는 갈비집을 운영하고 싶어.

43 운행 92쪽

초성 퀴즈

운행

초성 퀴즈

(1) 운행 (2) 운항

시인처럼 비유하여 표현하기

㉘ (1) 슈퍼맨(처럼) (2) 돌고래(처럼) (3) 지렁이(처럼)

문장 대결

㉘ 기차 운행 시간을 확인해 보고 기차를 타러 가야 해.

44 정책 94쪽

초성 퀴즈

정책

길 찾기

좌표를 읽어라

① 쇄국정책 ② 운동화

문장 대결

㉘ 나라의 정책이 결정될 때는 국민 모두가 관심을 가져야 해.

45 제안 96쪽

초성 퀴즈

제안

적절한 어휘 찾기

(1) 제안 (2) 조정

맨 끝으로 보내면?

㉘ (순서대로) 제안, 아버지, 복숭아, 행복

문장 대결

㉘ 부모님께 놀이동산에 가자고 제안했어.

46 지역 문제 98쪽

초성 퀴즈

지역 문제

'네, 아니요'로 답해요

	네	아니요
공공 기관은 지역 주민 전체의 이익을 위한 곳이다.	지	공
공공 기관은 국가나 지방 자치 단체가 세우거나 관리한다.	역	공
공공 기관은 돈을 벌기 위해 만들어진 곳이다.	기	문
지역 문제로 주민 사이의 갈등이 일어날 수 있다.	제	관
지역 문제는 환경 관련 문제만 있다.	대	주
지역 문제는 시청에서 일하는 사람들만 해결할 수 있다.	화	민
지역 문제는 주민 모두의 적극적인 참여가 필요하다.	참	타
문제를 해결할 때는 대화와 타협의 자세가 중요하다.	여	협

지역 문제(는) 주민 참여(로 해결해요.)

어휘의 관계

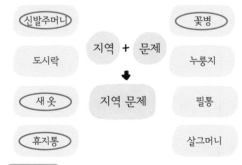

문장 대결

㉘ 우리 지역의 심각한 지역 문제는 쓰레기 문제야.

47 캠페인 100쪽

초성 퀴즈

캠페인

무엇일까요?

예 학교 폭력

알맞은 행동을 하는 사람을 찾아라

문장 대결

예 학교 등하굣길에 교통안전 캠페인을 하는 모습을 보았어.

48 타협 102쪽

초성 퀴즈

타협

어휘 확장하기

예

• 타협을 할 때에는 열린 마음으로 (대화)을/를 해야 해요.

• 타협을 할 때에도 상대방의 의견을 (존중)해야 해요.

• 양보하는 마음이 타협의 기본 마음이에요.

뒷글자를 알려 줘!

(1) (대)화, (타)협 (2) (투)표, (다)수결

문장 대결

예 친구와 하고 싶은 놀이가 다를 때에는 서로 타협하여 놀이를 결정해야 해.

49 편의 104쪽

초성 퀴즈

편의

공통 어휘 찾기

(1) 편의 (2) 편리

끝말잇기

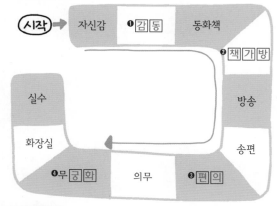

문장 대결

예 우리 동네 도서관은 주민의 편의를 위해 토요일에도 열려 있어.

50 협력 106쪽

초성 퀴즈

협력

우리의 속담을 찾아서

백지장도 맞들면 낫다.

믿는 도끼에 발등 찍힌다. ✕

개미가 절구통을 물어간다.

열에 한 술 밥이 한 그릇 푼푼하다.

냥냥이와 빙고 대결, 고고고!

생략

문장 대결

예 학급 친구들이 다 함께 협력하여 교실을 깨끗이 청소했어.

1판 1쇄 펴냄 | 2023년 1월 5일

기 획 | 이은경
글 | 이은경·장순월
그 림 | 김재희
발행인 | 김병준
편 집 | 이현주·박유진
마케팅 | 김유정·차현지
디자인 | 김용호·권성민
발행처 | 상상아카데미

등록 | 2010. 3. 11. 제313-2010-77호
주소 | 서울시 마포구 독막로 6길 11(합정동), 우대빌딩 2, 3층
전화 | 02-6953-8343(편집), 02-6925-4188(영업)
팩스 | 02-6925-4182
전자우편 | main@sangsangaca.com
홈페이지 | http://sangsangaca.com

ISBN 979-11-85402-77-2 (64080)
    979-11-85402-75-8 (64080) (세트)